생각하는 내가 좋다

노마의 발견 2

생각하는 내가 좋다

어린이철학교육연구소 지음
임정아 그림

해냄

 머|리|말

　과학과 기술의 발달로 세계화, 정보화 시대가 도래한 지금, 오늘이 아닌 미래를 살아갈 어린이들에게 가장 요구되는 능력은 무엇일까요? 어릴 때부터 여러 교과목의 지식을 배우고 익히며, 컴퓨터 자판만 두드리면 넘쳐나는 지식과 정보를 접할 수 있는 데다가 적잖은 책까지 읽고 있는 이들에게 특별히 더 보태 줄 게 없는 건 아닐까요?

　그렇습니다. 이제 지식은 넘쳐나고 정보는 어디에나 있습니다. 하지만 그럴수록 꼭 필요한 지식과 정보를 식별해 내고 찾아낸다는 것은 더 어렵습니다. 어쩌면 그것들은 어디엔가 숨겨져 있을지도 모르며, 오염되고 손상되었거나 혹은 고의로 왜곡되어 있을지도 모릅니다.
　잘못된 지식과 정보를 토대로 판단을 내리거나 문제를 해결한다면 더 큰 어려움을 만날지도 모릅니다. 그래서 이제 더 중요한 것은 노우하우(know-how)가 아니라 노우웨어(know-where)라고 하는지 모릅니다. 옛날에는 지식과 정보가 부족한 것이 문제였다면, 지금은 믿을 수 없는 것들이 너무 많이 쏟아져 나오고 있어서 문제입니다.

　이러한 상황에서 가장 필요한 능력은 바로 비판적 사고(critical thinking)입니다. 비판적 사고란 '무엇을 믿고 무엇을 할 것인지에 관한 의사결정에 초점을 맞춘 합리적이고 반성적인 사고'입니다. 특히 논증 분석이나 정보 출처(source)의 신뢰성을 판단하는 능력을 중시합니다.
　그동안 우리 교육이 거의 놓쳤거나 소홀하게 여긴 것이 바로 이러한 능

력입니다. 《노마의 발견》 시리즈는 등장인물들이 '비판적 사고'를 하면서도 아울러 창조적이고 배려적인 사고를 적극적으로 펼쳐 보이는 내용을 담고 있습니다.

  최근에 초·중·고 모두 통합 논술로 들썩이고 있습니다. 통합의 뜻은 무엇이고 어떤 것들을 전제로 하고 있을까요? 통합의 전제인 '통합을 요구하는 문젯거리'는 비판적인 사고를 통해 구성될 수 있습니다. 그리고 일단 문제가 설정되면 가까운 사람들과 서로 배려하면서 창의적으로 해결해 나갈 수 있습니다.

  본 시리즈는 그러한 비판적 사고를 통해 찾아낸 문제를 친구들끼리 해결해 나가는 모습들을 보여 줍니다. 꾸준하게 읽혀 온 《노마의 발견》 시리즈가 이제 새롭게 대두되고 있는 통합의 지혜를 연마하는 지렛대가 될 것을 기대해 봅니다. 또 이 시리즈를 통해 선구적으로 어린이 철학 교육의 토대를 쌓았던 서울교대 철학 동문회원들이 다시 한 번 일어설 것을 기대해 봅니다.

  끝으로 《노마의 발견》 시리즈의 가치를 인정하고 전면적으로 쇄신하여 훨씬 더 좋은 책들로 거듭나게 한 해냄출판사 여러분께 謝意를 표합니다.

어린이철학교육연구소 소장
박민규

차례

머리말 · 4

1. 사람의 속마음은? · 8

두 얼굴을 본 극장 구경 · 10
예쁜 자기와 괴물 · 16
컴퓨터 별점과 갈매기 조나단 · 22
문방구 아저씨께 방긋, 웃음을…… · 32
무엇을 보고 마음을 알 수 있지? · 38
학급 문집과 장원 급제 · 42

2. 습관을 반성하기 · 48

잠꾸러기 노마의 새 출발 · 50
비디오의 함정에 빠지다 · 58
틀린 답과 거짓말 · 64

3. 알고 행동하기 · 72

기막힌 준비물 · 74
생각 없는 세계 · 82
용과 이무기 · 88
증거는 조금, 결론은 모두? · 96
바른 말 바른 생각 · 102

4. 함께 사는 지혜 찾기 · 108

타협과 설득 · 110
진짜 좋은 것 · 116
모두에게 필요한 것부터 사요! · 120
피차 마찬가지 · 126
야구 심판 · 130
우정이 담긴 카드 한 장 · 134

5. 이야기 속에서 본받기 · 138

신의 장난일까? · 140
자기 꾀에 빠진 말 · 148
가짜, 진짜 할머니 · 154
반달곰의 비극 · 160

1. 사람의 속마음은?

사람이란 어떤 존재인가? 착한가? 악한가? 본래는 착하지도 악하지도 않은가? 이 세상 모든 일을 아는 것보다 더 소중한 일은 자기 자신을 아는 일입니다. 우리가 힘써 노력하며 부단히 배우는 궁극적 목적도 다름 아닌 자기 자신을 알기 위함일 것입니다.
1장에서는 어린이들이 자신을 알고 남을 알기 위해 겪는 갖가지 놀라운 경험을 보여 주고 있습니다. 그 속에서 느끼게 되는 깨우침과 고민이 흥미롭게 펼쳐집니다.

두 얼굴을 본 극장 구경

　노마는 오늘 친구들과 함께 극장엘 갔다. 방학이라 그런지 극장 안에는 많은 어린이들이 자리를 메우고 있었다.
　광고가 끝나고 잠시 기다리자 영화가 시작되었다. 아이들은 영화의 한 장면이라도 놓칠세라 숨을 죽였다. 그러나 조용한 분위기도 잠시, 웅성거림이 조금씩 터져 나오더니 재미있는 장면이 나올 때면 꽤나 시끄럽게 웃어 댔다.
　집에서 혼자 비디오를 보는 것과 서로 모르는 사람들이 같은 장소에 모여 뜨거운 숨결을 내뿜으며 함께 영화를 보는 것은 아주 다른 맛이 났다.
　이상한 것은, 집에서 혼자 비디오를 볼 때는 소리를 지를 만큼 재미있는 것이 별로 없었는데, 많은 어린이들이 같이 영화를 보는 느낌은 사뭇 다르다는 것이었다. 혼자서 영화를 보면 가슴이 후련해지

거나 참된 기쁨을 일으키는 장면이 한두 번 있을까 말까 했었다. 그런데 어찌 된 일인지 극장에 꽉 들어찬 아이들은 조금이라도 이상한 사람이 나오면 괴성을 지르고 손뼉까지 쳐 대기 일쑤였다.

　들뜬 분위기 속에 함께 있다 보니, 노마 역시 그런 기분에 젖어 들기 시작했다. 처음엔 조금 어색하기도 했지만 몇 번 소리를 지르고 손뼉을 치다 보니, 나중엔 아무렇지도 않게 되었다.

　드디어 '노마라는 아이'는 없어지고 극장 속에 모인 똑같은 영화를 보는 '어린이 여러분'만 남게 되었다.

누가 시킨 것도, 그렇게 해 보자고 해서 그렇게 된 것도 아닐 테지만 영화를 보러 왔을 때의, 각자 자기 이름과 자기의 생각을 가진 한 사람 한 사람의 어린이들은 모두 어디 가고, 이젠 고함을 지르고 정신 없이 손뼉을 쳐 대는 '어린이 여러분'만 있을 뿐이었다.

웬만한 일에는 나서지 않던 새침데기 나리도 극장에 와서는 다른 아이들과 마찬가지였다. 마구 소리를 지르고 발을 구르다가, 그래도 시원치 않으면 노마를 꼬집기까지 했다.

병태는 또 어땠나? 그 애는 신발까지 벗어 들고 괴상한 소리를 질러 댔는데, 그럴수록 신이 난다는 표정이었다.

영화가 한창 클라이맥스에 이르자 정말 눈뜨고는 못 볼 지경이 되었다. 아이들이 입을 맞추어 '잡아라!', '이겨라!' 하면서 열띤 합창을 하기에까지 이른 게 아닌가? 뒤쪽에서 다 먹은 과자 봉지를 던지는 애도 있었고, 간혹 빈 깡통도 날아왔다.

영화가 끝나고 불이 켜졌을 때의 모습들이라니! 극장 밖으로 몰려 나가는 아이들은 아직도 흥분이 채 가시지 않았는지 얼굴이 약간씩 상기되어 있었다. 그러나 언제 그렇게 난리를 쳤느냐는 듯 다들 얌전히 돌아가고 있었다.

그제야 제정신으로 돌아오고, 그래서 각자 자기들 집으로 돌아가는 것처럼 보였다. 극장에 있을 때의 모습들과는 전혀 다른, 늘 보던 그대로의 얼굴과 표정으로 돌아와 집으로 돌아가는 아이들을 쳐다보며 노마는 궁금증이 생기기 시작했다.

'그렇다면 나나 우리들의 참모습은 어떤 걸까? 이렇게 난리를 치고 자기 자신을 잊어버릴 정도로 날뛰는 것이 우리들 자신 속에 들어 있었다니! 선생님은 이것저것 차분히 따져 보면서 곰곰이 생각해 보고, 자기 자신을 잃지 말라고 늘 말씀하셨지.'

집으로 돌아가는 동안 노마의 머릿속에는 이런저런 생각들이 끊임없이 떠오르고 있었다.

'오늘 본 나 자신과 친구들의 모습은 무얼 말해 주는 걸까? 보통 때와는 너무 다른, 또 다른 우리 자신들의 모습이 우리들 가운데 있었다니! 선생님이나 엄마, 아빠는 우리들의 이런 감춰진 모습들을 알고 계실까? 또 오늘과 같은 꼴을 보았다면 무얼 느끼셨을까? 그것이 나 자신이나 친구들의 진짜 모습은 아닐지 모르지만, 그것도 분명 나 자신과 우리들의 한 가지 모습임에는 틀림없어.'

여기까지 생각한 노마는 어디선가 읽은, 다음과 같은 구절이 언뜻 떠올랐다.

'우리가 전기나 곤충 같은 것 등을 공부하면 그것들에 대해서 그만큼 더 잘 알 수 있다. 그리고 나 자신의 생각에 대해서 생각을 해 보면 그만큼 나 자신을 잘 알 수 있게 된다.'

그런데 오늘, 노마는 자기 자신을 좀 더 잘 알기 위해서는 생각뿐만 아니라, 여럿이 같이 있을 때 나타나는 감춰진 모습 같은 것들도 잘 보아야겠다는 생각이 떠올랐다.

늘 보는 얼굴이나 말씨, 얼굴의 표정이나 걷는 모습, 목소리만 볼 것이 아니라 우리들 자신의 깊은 곳에 숨어 있는 모습들까지도 잘 살펴보아야겠다는 생각이 들었다.

 '난 그 동안 반장을 뽑거나 친구를 사귈 때, 또는 누가 좋다거나 나쁘다고 말할 때 겉만 보고 말한 거야. 어느 때는 내 눈으로 보지도 않고 남의 얘기만 듣고서 누가 좋다, 나쁘다고 생각한 적도 있었어. 적어도 그 애들이 극장 같은 곳에 가서 무슨 짓을 할 것인지는 꿈에도 생각하지 못했다고. 그러고 보니까 두 얼굴을 가진 사람, 열 길 물 속은 알아도 한 길 사람 속은 모른다는 말이 무슨 뜻인지 알겠어.'

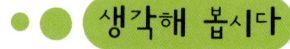
생각해 봅시다

남이 보지 않을 때 몰래 어떤 행동을 한다거나, 여럿이 모였어도 서로 모르는 경우에 사람들은 평소와 전혀 다른 행동을 보여 주곤 합니다.
이렇게 남이나 우리 자신이 상황에 따라 다르게 행동하는 것을 보게 될 때 우리는, '우리의 참모습은 과연 어떤 것인가?' 하는 의문을 갖게 됩니다.
선생님께서 자기 자신을 잃지 말라고 하신 말씀은 무슨 뜻일까요?

> ### 주제: 열 길 물 속, 한 길 사람 속
>
> "열 길 물 속은 알 수 있어도 한 길 사람 속은 알 수가 없다." 는 말이 있습니다. 우리들은 사람을 어떻게 판단해야 될까요? 다음은 사람을 판단하고자 할 때 우리들에게 도움이 되는 것들 입니다. 도움이 되는 점들과 그렇지 못하고 위험한 점들로 각 각 나누어 봅시다.

함께 철학하기

① 얼굴 생김새　　② 옷차림새
③ 목소리　　　　　④ 키
⑤ 이름　　　　　　⑥ 취미
⑦ 가정 형편　　　 ⑧ 고향
⑨ 재산　　　　　　⑩ 종교
⑪ 생각

• 도움이 되는 점들 :

• 위험한 점들 :

예쁜 자기와 괴물

"오늘부터 너하곤 상대도 하지 않을래. 더 이상 나를 형이라고 부르지 마!"

노마는 화가 치밀어서 기오를 금방이라도 잡아 삼킬 기세다. 기오는 맞은 데가 아픈지, 억울하다는 듯이 '앵앵' 울어 댄다.

막 퇴근을 하고 돌아오신 아버지께서 이 난장판을 보시고 기분이 언짢아지신 듯 쉰 목소리로 말씀하셨다.

"너희들, 거기 앉아."

노마는 억울하다는 표정으로 기오를 힐끔 쳐다보면서 아빠가 가리키는 자리에 씩씩거리며 앉았다.

"노마야, 동생을 때리면 되니?"

"쟤가 먼저, 절 약올리잖아요."

"만약에 말이다. 네가 동생보다 힘이 약하다면, 넌 그때도 동생을 때릴 수 있었겠니? 그리고 아빠의 경우를 생각해 보렴. 네가 잘못한 일이 있을 때 아빠가 그 자리에서 널 때리더냐?"
"아뇨. 아빠는 모른 체하시고 저에게 뉘우칠 시간을 주셨어요. 그래서 저는 다시는 나쁜 짓을 하지 않겠다고 늘 다짐하곤 했죠."
노마는 방바닥을 뚫어지게 바라보더니 잠시 머뭇거리다 물었다.
"아빠, 제가 잘못했어요. 그런데……. 궁금한 게 있어요."
"그게 뭔데?"
아버지는 빙그레 웃으시며 노마를 쳐다보셨다.
"요즈음 제 마음은 갈팡질팡할 때가 많아요. 뭐냐 하면 저에겐, 이제까지 친하게 지내 온 '예쁜 자기'라는 별명을 가진 친구가 마음속에 있었거든요. 그런데 얼마 전 잠자리에서 일어나 보니, 예쁜 자기가 생전 처음 보는 '괴물'을 데리고 온 거예요. 그 전에는, 어떤 일을 할 때든 오른쪽 마음에서 속삭이는 예쁜 자기의 목소리만 들으면 됐는데, 이젠 왼쪽 마음에 있는 괴물까지도 끼어들어서 참견을 해요."
"그래? 그거 아주 재미있는 얘기구나. 오늘 일은 어땠니?"
아버지는 무척 궁금하다는 표정이었다.
"오늘 일만 해도 그랬어요. 예쁜 자기는 저에게 기분 내키는 대로 동생을 때리라고 했어요. 왜냐하면 동생은 내가 하는 일을 방해하고 약을 올리니까 충분히 맞을 이유가 된다는 거였어요. 또, 내가 좋아하는 음식을 항상 먼저, 많이 먹으려고 달려드니까 얼마나 밉겠느냐는 것이었어요."

노마는 얘기를 하다 말고, 아버지와 동생을 번갈아 보면서 이상하다는 듯 고개를 갸웃거렸다. 침을 꿀꺽 삼키고 난 노마는 말을 이었다.

"그런데 괴물은 그와 반대였어요. 같은 친군데 그렇게 다를 수가 있다는 게 이상해요. 하여튼 괴물은 저에게 '너는 어른이니까 동생이 약을 올리더라도 참고, 나중에 화가 풀리거든 잘 타일러라.' 라고 말했어요. 저는 매우 혼돈스러워서 어느 편을 들어야 할지 몰랐어요. 그러다가 예쁜 자기의 말이 더 그럴 듯해서 동생을 마구 때렸어요. 그런데 때리고 나서도, 마음이 풀리지 않고 오히려 더 답답한 건 왜죠? 그리고 아빠, 제 마음 속에서 예쁜 자기와 괴물이 마구 싸우는 이유를 모르겠어요. 전 정말 괴롭다고요."

아빠는 노마의 얘기를 다 들으시더니 빙그레 웃으시며 물으셨다.
"노마야, 네가 괴물이라고 부르는 그 친구가 지금도 밉고 무섭니?"
"음, 글쎄요, 처음에는 너무 밉고 싫었는데 이젠 조금 좋아졌어요."
"왜?"
"왜냐하면, 괴물의 말을 듣고 나면 마음이 편해지거든요."
"그렇다면 넌, 그 괴물이 처음에는 부담스러웠는데 점점 그렇지 않아진다는 얘기로구나. 그렇지?"

"네, 그런 것 같아요. 정말 이상한 일이죠. 그 괴물은 도대체 뭘까요?"
"어른들은 그 괴물을 '양심'이라고 부른단다. 그리고 전에 너하고 친하게 지내온 예쁜 자기라는 친구는 '욕심'

이라고 하지. 욕심은, 다른 사람은 생각지 않고 자기가 하고 싶은 대로 하는 마음이고, 양심은 다른 사람을 생각하며 항상 심사숙고해서 행동하는 마음이란다. 네가 말했듯이, 이 둘은 항상 같이 붙어 다니면서 너를 차지하려고 싸움을 벌이지. 그러니 네 마음이 괴로운 건 당연한 일이다."
"아빠, 그래도 전, 잘 모르겠어요. 쉬운 예를 하나 들어 주세요."
"아빠 말을 잘 들어 보렴. 너 며칠 전에 예방 주사 맞지 않았니. 왜 예방 주사를 맞는지 아니?"
"네, 선생님이 그러셨는데 약한 균을 우리 몸에 침투시켜서 몸을 지킬 수 있는 항체를 만들어 냄으로써, 나중에 강한 균이 들어와도 병이 생기지 않게 하기 위해서래요."
"옳지, 잘 알고 있구나."
"잠깐, 아빠! 그렇다면 이런 게 아닌가요? 항체가 나쁜 균으로부터 우리 몸을 보호하듯이 우리의 마음도 마찬가지 아닐까요? 괴물이 예쁜 자기로부터 우리의 마음을 지키는 거죠?"

그날 저녁엔, 오랜만에 불고기가 나왔다. 아니나 다를까, 기오가 저만 많이 먹으려고 또 허둥대는 게 아닌가?

노마는 그러는 동생이 미워서 주먹이 올라가려고 했다. 그때, 왼쪽 마음에 있는 괴물이 노마의 귀를 잡아당기며 조용히 속삭였다.

'참으라니까, 동생을 때리면 되나요?'

노마는 올라가려던 주먹을 내리고 괴물과 동생을 번갈아 쳐다보면서 싱긋 웃었다.

생각해 봅시다

마음 속에는 나쁜 마음과 양심을 지키려는 마음이 있습니다.
노마가 동생과 싸울 때 예쁜 자기와 괴물은 노마에게 각각 어떻게 했나요?
양심을 따르려는 일은 처음에는 불편하고 힘들지만 익숙해지면 오히려 그것을 지키지 않는 일이 더 불편하게 느껴집니다.

함께 철학하기

주제: 판단

사람들을 보고 우리는 '좋다', '나쁘다' 하고 간단하게 판단하기 쉽습니다. 그러나 좀 더 깊이 생각해 보면 그렇게 간단하게 판단해서는 안 된다는 것을 알 수가 있습니다. 한때 '좋다', '나쁘다'고 판단한 것이 경우에 따라서는 얼마든지 바뀔 수도 있습니다.
다음과 같은 사람이 좋을 경우와 나쁠 경우의 예를 찾아봅시다.

❶ 말을 많이 하는 사람
❷ 장난꾸러기
❸ 겁이 없는 사람
❹ 겁이 많은 사람
❺ 공붓벌레
❻ 사냥꾼
❼ 장사꾼
❽ 자기를 해치려고 하는 사람을 해친 사람

컴퓨터 별점과 갈매기 조나단

　노마와 나리는 학교에서 집으로 돌아갈 때, 꼭 한 번쯤은 슈퍼마켓 앞에서 멈추게 된다. 왜냐하면 그곳에는 컴퓨터로 하는 행운의 별점을 보기 위해 사람들이 항상 모여 있기 때문이다. 오늘도 예외 없이 많은 사람들이 컴퓨터 주위에 둘러서서 깔깔대며 좋아하고 있었다.

- 생일 : 1987년 11월 10일
- 이름 : ○ ○ ○
- 별자리 : 전갈좌 가3
- 수호성은 명부의 산이며…….

"정말 신기한데?"
"음력 생일도 입력시키면 양력으로 고쳐져 나오잖아."

"정말, 성격을 정확히 맞히네."

사람들은 제각기 한마디씩 하면서 연방 그 컴퓨터 점을 신통해하는 것이었다. 노마도 그곳을 지날 때마다 참 신기하다고 생각될 때가 많았다. 언젠가 자기도 한번 점을 봐야지 하는 생각을 하고 있을 때, 나리가 노마의 옷소매를 잡아당기며 어서 가자고 재촉했다.

"노마야, 너도 컴퓨터 별점을 보고 싶니?"

"물론이지. 남들이 좋아하는 걸 보면 나도 보고 싶어진다니까."

"그럼 넌, 컴퓨터 별점이 정말 맞는다고 생각하는 거니?"

"글쎄, 넌 어떻다고 생각하니?"

"난 21세기에 살면서 점을 보는 사람들을 경멸해. 우리 언니도 대학교까지 다니면서, 컴퓨터 별점을 보고 와서는 온 집안 식구들한테 자랑할 때가 있어. 그런 걸 보면 정말 한심하다니까."

요즘 노마네 반에서도 컴퓨터 별점을 보는 것이 유행이다. 오늘만 해도 컴퓨터 별점 때문에 정태하고 현수가 싸울 뻔했었다. 점심 시간에 정태는, 전날 별점을 봤다면서 자랑을 늘어놓았다. 정태는 깨알처럼 적힌 종이를 꺼내서 큰 소리로 읽어 내려갔다. 중간 중간에 반 아이들은 뭔가 소중한 이야기를 듣고 있는 듯한 표정이었고, 가끔 탄성까지 지르며 마냥 신기해하였다.

"난 30대에 재산을 모을 수 있는데 부동산이나 투기 같은 일에서 재미를 본대. 그러니 너희들, 나중에 돈 모으거든 안심하고 나한테 맡겨라."

정태는 이렇게 말하면서 즐거운 듯 계속 웃었다. 그러자 다른 아이들도 저마다 행운의 별점 이야기를 늘어놓기 시작했다.

"나는 여든네 살까지 산다고 그랬어."

"나는 의사나 정치가가 될 거래."

"난 스물여덟 살에 최고의 여성을 만나는데, 될 수 있으면 뚱뚱한 여자를 만나야 잘 산대."

"하하하……."

별점 이야기로 교실 안이 소란스러워지자 현수가 조용히 하라고 소리를 쳤다.

"야! 컴퓨터 별점은 맞지도 않는 건데, 뭘 그렇게 야단이야?"

"현수야, 웃기는 소리 하지 마. 컴퓨터가 얼마나 정확한지, 너 알아? 컴퓨터도 믿지 못하면 뭘 믿니? 너도 한번 보는 게 어때? 천 원이면 돼."

정태가 현수에게 면박을 주자 정태 주위에 있던 아이들이 모두 웃어 댔다. 그러자 나리가 일어섰다.

"병태야, 넌 컴퓨터의 내용을 사람이 만들어 입력시킨다는 것도 모르니? 그런데 어떻게 정확하다고 말할 수 있니?"

나리의 말을 듣자 현수는 자기를 응원하는 사람이 생겨 힘을 얻은 듯 말했다.

"그래, 나리 말이 맞아. 정태, 네 말대로 컴퓨터 별점이 맞는다면, 만약에 너하고 내가 생년월일이 같을 경우 우리 둘은 똑같은 인생을 살아가야 한다는 거니? 이 세상에 생년월일이 같은 사람이 얼마나 많겠니? 하지만 다들 다르게 살아가잖아?"
"야, 현수 너, 내가 컴퓨터 별점을 보든 말든 무슨 상관이야?"
정태는 마치 현수와 싸우기라도 하려는 듯 덤벼들었다.
때마침 5교시 시작을 알리는 종소리가 나서 모두들 자리에 그대로 앉았다.
노마는 집으로 와서는 가방을 놓자마자 어머니에게 달려갔다.
"엄마, 엄마도 점을 보신 적이 있으셨나요?"
"갑자기, 웬 점 보는 얘기니?"
"요즘 우리 반 아이들 사이에선 컴퓨터로 보는 행운의 별점이 유행이거든요. 그리고 동네 슈퍼마켓 앞에도 항상 사람들이 들끓는 걸 보면, 저도 한번 보고 싶어질 때가 있어요."
"녀석도……. 엄마도 몇 년 전 아빠가 사업을 하실 때까지만 해도 매년 한 번씩은 점을 보았단다."
어머니도 점을 보았다는 말에 노마는 더욱 궁금해졌다.
"그래서 어떻게 되었나요? 점쟁이들이 아빠의 앞일을 맞히던가요?"
"글쎄다. 어떻게 보면 알아맞히는 것 같기도 하고, 달리 보면 엉터리 같기도 하고……. 그래서 작년부터는 그만두었단다."
"그런데 왜, 사람들은 점을 보려고 하지요? 나리가 그러는데, 나리 언니뿐만 아니라 그 누나 친구들도 무척 많이들 본대요."
"그건 아마 마음이 불안하기 때문일 거야. 엄마도 아빠가 사업을 하실 때는, 도무지 잠을 이룰 수 없을 때가 많았단다. 마침 옆집 아주머니가 족집게처럼 정확한 점쟁이가 있다면서 같이 가자고 하길래 따라갔었단다."
"점을 봤더니 불안한 마음이 없어졌나요?"
"그런 것 같기도 하고, 그렇지 않은 것 같기도 하더구나."
"뒷집에 사는 형은 작년에 대학교 들어갈 때 점쟁이가 남쪽에 있는 학교로 가라고 해서 그대로 했더니 합격했다고 하던데요. 그런 걸 보면 정말 점쟁이가 사람의 운명을 안다는 이야기잖아요?"
"그런 경우는 우연이겠지. 그렇게 된다면 누가 열심히 공부하려고 하겠니?"
"그럼 엄마는, 인간이 어떤 운명을 가지고 태어난다는 걸 믿지 않나요?"
"노마야, 너는 운명이 있다는 걸 믿니?"
"그럼요. 저는 사람에게는 분명히 운명이 있다고 생각해요."
"그럼, 네 이야기 좀 들어 보자꾸나."
"엄마가 저를 낳을 때 저하고는 의논 한 번 하지 않고 낳으셨잖아요. 그리고 제가 많고 많은 사람 중에서 엄마의 아들로 태어난 것은 정말 운명이 아니고 뭐겠어요? 그러니 운명이 있다고 말할 수 있잖아요."
노마하고 엄마가 한창 재미있게 이야기하고 있는데 아버지께서 들어오셨다.
"아니, 모자지간에 무슨 얘기가 그렇게 재미있길래 내가 들어오는 줄도 모르나?"
엄마는 아버지한테 대충, 이제까지 오고 간 이야기를 하시고는 식

사 준비를 하신다며 나가셨다.

"하하하. 우리 노마도 이젠 많이 컸구나. 운명에 대해서 알고 싶어 하는 걸 보니. 자, 오랜만에 우리 이야기 좀 해 볼까?"

"아빠는 인간이 운명을 가지고 있다고 생각하세요, 아니면 그렇지 않다고 생각하세요?"

"아빠는 운명이 있다고 생각한단다. 사람이 태어나고, 나이가 들수록 늙어 가고, 또 죽어 가는 것, 이러한 것들이 운명 아니겠니?"

"그럼, 컴퓨터 별점에 나오는 것도 믿으시겠네요?"

"아니지, 오히려 반대란다. 모든 사람이 컴퓨터 별점이나 점쟁이 말만 믿고 산다고 생각해 보자. 그러면 얼마나 나태해지고 허황되게 살아가겠니? 아까, 아빠가 말한 것처럼 사람에게는 어쩔 수 없는 운명이 있단다. 아니지, 그걸 인간의 힘으로는 해결할 수 없는 것이라고 생각하는 편이 더 낫겠구나. 그러나 인간에게는 자유 의지라고 하는 것이, 또 있단다."

"자유 의지요? 그건 처음 들어 보는 말인데요?"

"그건 인간의 무한한 가능성을 바탕으로, 인간 스스로가 어떤 일을 선택하고 결정하면서 사는 것을 말한단다. 그리고 그 결과에 대해서도 책임을 지는 것이지. 그러나 컴퓨터 별점이나 믿고 살아간다면 모든 책임을 운명으로만 돌리게 되잖겠니?"

"……"

노마는 아무 말도 않고 있었다.

"노마야, 아빠가 이야길 하나 해 주마.《갈매기 조나단》얘기 들어

봤니? 대부분의 갈매기들은 단순하게 날아다니면서 먹을 것을 찾아다닌단다. 그러나 갈매기 조나단은 먹을 것을 찾아다니는 것이 문제가 아니라 빠르게 날고 싶어했단다. 조나단은 동료 갈매기들의 따돌림에도 불구하고 열심히 고속 비행 훈련을 했지. 그 훈련 중에는 많은 어려움이 조나단을 기다렸단다. 그래도 결국 조나단은 자기의 육체적 한계를 극복하고 고속 비행에 성공했단다. 노마야, 네가 이《갈매기 조나단》이야기를 듣고 어떤 걸 느꼈는지 궁금하구나."

"참 재미있어요, 아빠.《갈매기 조나단》이야기는 자기에게 주어진 운명에 순응하지 않고, 정말 열심히 배우고 노력하고 창조하면서 그 한계를 극복하려는 자세를 가르쳐 준다고 생각해요."

"지금도 컴퓨터 별점을 보고 싶니?"
"아빠, 그래도 한 가닥, 보고 싶은 마음이 남아 있는 것은 왜일까요?"
"그건 아직도 네 마음 속 깊이, 뭔가 우연히 이루어지기를 바라는 마음이 자리잡고 있기 때문일 게다."
"그러면, 그런 마음을 없애려면 어떻게 해야 할까요?"
"아빠도 너처럼, 가끔은 우연히 뭔가가 이루어지기를 기대하는 마음이 있단다. 지하철 역 앞에서 복권이라도 한 장 사서 일확천금 얻기를 꿈꿀 때도 있었단다. 그러나 그러한 생각이 들 때마다 내 자신을 채찍질하고 더욱더 노력해야 한다는 생각을 가졌지. 내가 꼭 하고 싶은 일은 스스로 노력해 이루어야 한다는 생각으로 이겨내곤 했다."

"아빠 말씀을 듣고 보니, 점을 보고픈 마음은 부족한 노력을 요행으로 대신하려는 것이라는 생각이 들어요. 애써 노력하며 새로운 것을 만들어 나가는 태도가 보람찬 일일 것 같아요. 그래서 삶의 의미를 찾고, 더 높은 목적을 추구하는 것이 진짜, 인간의 운명이라는 생각이 들어요."

"그렇지, 사회도 마찬가지란다. 개개인 모두가 방금 네가 말한 대로 생각한다면 건강하고 바른 사회를 만들 수 있단다. 썩고 병든 사회는 노력하지 않고 운명을 수동적으로 받아들이기만 하는 자세를 가지고 있기 때문에 생겨나는 거지."

"역시, 우리 아빤 멋쟁이셔. 내일, 학교에 가면 아이들에게 《갈매기 조나단》에 대해서 이야기해 줄 거예요."

생각해 봅시다

사람에게 자유 의지가 있다는 노마 아버지의 말씀에 주목해 보세요. 그것은 곧 자신이 주인이 되어서 사는 것을 의미합니다.
컴퓨터 별점이 우리에게 어떻게 살아야 행복할 수 있다고 가르쳐 줄 때, 우리는 과연 그것을 따라서 살아야 할까요?
점술이나 역술은 어떤 면이 좋고 그른지 토의해 봅시다.

주제: 행위 규칙과 설명 규칙

우리가 행해야 할 것과 행해서는 안 될 것을 말해 주는 규칙을 '행위 규칙'이라 하고, 어떤 것이 어떠어떠하다는 것을 설명해 주는 것을 '설명 규칙'이라고 합니다.

예를 들면 '인도에서 자전거를 타면 안 된다'는 것은 행위 규칙이고 '모든 물건을 던져 올리면 반드시 땅으로 떨어진다'는 것은 설명 규칙입니다.

다음은 행위 규칙인지 설명 규칙인지 보기에서 골라 써 넣어 보세요.

보기 : ① 행위 규칙 ② 설명 규칙 ③ 둘 다

❶ 길을 물었을 때 "72번 버스를 타고 가다 큰 다리를 건너 극장 앞에서 내리시오."라고 말했다. (   )

❷ 7에다 3을 더하면 10이다. (   )

❸ 모든 학생은 아침 여덟 시까지 등교해야 한다. (   )

❹ 이순신 장군이 전쟁터에서 부하들에게 "목숨을 바쳐 나라를 구하라."고 명령했다. (   )

❺ 의사 선생님께서 진료를 마친 뒤 "이 약을 식후에 하루 세 번 드시오."라고 말씀하셨다. (   )

❻ 선생님께서 "내일 여러분들은 임진왜란에 대해 공부할 것이다."라고 말씀하셨다. (   )

문방구 아저씨께 방긋, 웃음을……

나리는 매우 아껴 입는 두 벌의 새 옷을 가지고 있다.

한 벌은 친척집에 갈 때나 나들이할 때 입는 옷이고, 또 한 벌은 일요일에 교회 갈 때 입는 옷이다.

이 옷은 모두 나리의 생일 선물로 부모님께서 사 주신 것이다. 그런데 요즘에, 나리는 자꾸만 자기 마음 속에 두 벌의 옷과 같이 두 가지의 서로 다른 마음이 있다는 것을 느끼고 있다.

지난번 미술 시간에 준비물을 사려고, 새로 생긴 문방구에 들렀을 때였다. 검은 안경을 쓰고 물끄러미 나리를 바라보고 있는 문방구 아저씨가 별안간 무서운 생각이 들었다. 그래서 그곳에서 나와 옆에 있는 다른 문방구에서 물건을 샀었다.

나리가 검은 안경을 쓴 그 아저씨를 보자마자 느낀 것은 어떤 공포감이었다. 그래서 다음 날, 생각하고 따지기를 좋아하는 노마를 붙잡고 그 이야기를 했다.

"어려운 문제구나. 네가 그 아저씨를 보았을 때 무서움 같은 것을 느꼈다고 했는데, 내가 생각하기에 너는 느낌만 가지고 그 아저씨를 판단해 버렸던 것 같아."

나리의 말을 다 듣고 난 노마가 제법 점잖게 얘기했다.

"그럼 넌, 무엇을 보고 사람을 판단하니? 대부분의 사람들은 그 사람의 겉모양을 보고 판단하잖아."

"그래, 나도 뾰족한 수는 없어. 나 역시 사람의 겉모양만 보고 판단하는 경우가 있어. 하지만 나중에 알고 보면, 그런 판단이 옳지 않았다는 것을 깨닫고 뉘우칠 때가 많아."

"우리 할머니께서도 열 길 물 속은 알아도 한 길 사람 속은 모른다고 말씀하신 적이 있어."

현숙이가 끼어들었다. 그러자 나리가 대답했다.

"그렇다면 느낌이라는 것은 우리가 판단을 내리는 데 아무런 도움도 못 준단 말이니? 그럼 우린, 많은 경우, 사람들을 다 의심하고 두려워하면서 살아야 되잖아."

나리의 말을 듣고서 노마는 한참 동안 곰곰이 생각하더니 입을 열었다.

"사람을 다 의심하고, 두려움에 떨며 살 수는 없지. 그러나 느낌도 우리가 판단을 내리는 데 도움을 줄 수 있어. 비록 그것이 아주 정확하지는 않겠지만……. 왜냐하면 느낌은 우리가 어떤 행동을 할 때, 때때로 커다란 작용을 하잖아. 그렇다고 느낌 하나만 가지고 우리가 판단을 내린다면 정말 위험하다고 생각해. 그보다는 그러한 느낌을 바탕으로 다른 많은 것을 알아보는 습관을 가져야 된다고 생각해."

"그러고 보니 네 말이 옳은 것 같아. 우리 주위에 얼굴이 무섭게 생겼어도 마음은 착한 사람이 얼마나 많니? 교문 앞에서 호떡을 파는 아저씨를 보면 알 수 있잖아. 그리고 번지르르하게 차려 입은 사람들 중에도 나쁜 사람은 많잖아."

현숙이는 질문을 계속했다.

"그렇다면 정말 옳은 판단은 느낌만으로는 할 수 없다는 얘기니?"

노마가 말했다.

"불가능하지는 않겠지만 아주 힘든 일일 거야. 우리가 어떠한 결정을 내릴 때 여러 가지를 알고 있을수록 더 좋은 결정을 내리는 것처럼, 사람을 평가할 때도 느낌에만 의지하지 말고 더욱더 신중한 태도를 가져야 할 거야."

"이제야 알겠어. 내가 문방구 아저씨께 어떤 두려움을 가졌다는 것은 내 마음에 문제가 있었기 때문이라고 생각해. 난 그 아저씨를 선입견으로 미리 판단해 버린 다음, 두려워하기만 했으니까 말이야. 내일 아침

엔 문방구에 가서 그 아저씨께 방긋 웃으며 인사를 해 봐야겠어."
나리는 밝게 웃었다.

생각해 봅시다

첫인상으로 사람을 판단하게 되면 오해를 가져오는 경우가 많습니다. 그렇다면 어떻게 해야 그 사람을 잘 안다고 할 수 있을까요? 그 사람의 얼굴 생김새와 외모에서 풍기는 느낌만으로 그 사람을 안다고 할 수 있을까요? 또한 얘기를 해 보고 오래 사귀어 보면 그 사람을 안다고 할 수 있을까요?

함께 철학하기

주제: 느낌

어떤 느낌만을 가지고 자기의 주장이 옳다고 주장할 수 있을까요?

보기 : ① 주장할 수 있다 ② 주장할 수 없다

① 재혁 : "내게는 확실한 느낌이 있는데, 내 느낌으로는 병태는 나중에 의사가 될 거야." (   )

이유 :

② 미옥 : "내가 만일 현영이를 좋아하지 않았다면 그 애에게 반장 표를 던지지 않았을 거야." (   )

이유 :

③ 병수 : "난 1m가 100cm라는 사실을 좋아해. 내가 좋아하니까 난 그것을 참이라고 생각해." (   )

이유 :

④ 민상 : "불우 이웃은 가엾어. 그러니까 성금을 모아 도와야 한다고." (   )

이유 :

무엇을 보고 마음을 알 수 있지?

오랜만에 노마는 글짓기 숙제를 하러 현수네 집에 갔다.

반갑게 맞는 현수를 따라 마당에 들어설 때였다. 갑자기 '왕왕' 하며 개 짖는 소리가 들렸다.

"야, 귀엽다. 이름이 뭐니?"

"털이 희다고 해서 흰둥이야."

"흰둥아, 이리 온, 착하지. 아얏!"

노마가 내민 손을 흰둥이가 물었다. 노마는 손가락을 움켜쥐며 한 걸음 뒤로 물러섰다.

"괜찮냐? 우리 흰둥이는 네가 마음에 안 드는가 보다."

"아이고, 아파라. 이까짓 똥개가 무슨 마음이 있다고, 들고 안 들고 하니!"

"뭐? 무시하지 마. 봐라, 나한테는 반갑다고 이렇게 꼬리 치는데,

너한테는 싫다고 으르렁대잖아."

"그게 바로 마음이 없다는 증거야. 자기를 귀여워해서 내민 손을 깨무는 걸 보면 마음이 없다는 거지 뭐."

"안 그래. 처음, 새끼였을 때 우리 집에 와선 어미가 보고 싶어 밤새 끙끙거린 적도 있었다고."

현수는 흰둥이의 머리를 쓰다듬으며 말했다.

"그렇다고 흰둥이한테도 마음이 있다는 거니?"

현수는 대답 대신에 되물었다.

"그럼. 너도 흰둥이 머리 속에 뇌가 있다는 것쯤은 알고 있겠지?"

"그래, 뇌가 있다고 마음이 있다는 거니? 그럼 넌, 뇌와 마음이 똑같다는 거야, 지금?"

"아무렴, 뇌가 없으면 마음도 없을 테니까."

"아냐, 달라! 너 말야, 전선이랑 전기가 똑같다고 할 수 있겠니?"

노마는 잠시 생각하다 되물었다.

"음, 아니지."

"그것 봐. 마음이 뇌를 통해서 활동한다고 해서 마음이랑 뇌가 똑같은 것은 아니야."

"모르겠다. 어쨌든 숙제를 시작해야지."

둘은 방에 가서 상을 펼치고 마주 앉았다. 그때 갑자기 현수가 무릎을 탁 쳤다.

"그러고 보니, 오늘 글짓기 숙제 제목이 '부모님의 마음'이잖아."

"참, 그렇지! 그런데 현수야, 너는 부모님의 마음을 본 적이 있니?"

현수는 잠시 생각에 잠기는 듯했다.

"없지. 보이지 않는 거니까."

현수를 빤히 쳐다보고 있던 노마는 고개를 갸웃거리며 말했다.

"혹시, 마음은 그냥 부모님이 평소에 우리한테 해 주시는 모습을 말하는 게 아닐까? 가령 춥지 말라고 스웨터를 짜 주시거나 아플 때 옆에서 돌봐 주시는 것 같은 모습들 말야."

현수도 고개를 끄덕거렸다.

"응, 그러니까 너는, 마음이란 드러나 보이는 행동을 뜻하는 거다, 이거지? 그렇지만 나는 다르다고 생각해. 가령 우리가 잘못했을 때 부모님들은 잘되라고 때리시잖아. 그럴 때마다 속마음은 얼마나 아프시겠니? 비록, 겉으로는 무섭게 보여도."

"그러니까 행동과 다르게 마음은 따로 있다는 말이지? 음, 그런 것도 같다."

두 사람은 원고지에다 부모님의 마음에 대해 뭔가를 쓰기 시작했다.

 생각해 봅시다

마음은 생각들의 모임이라고 할 수 있겠지요. 그렇다면 생각은 머리에서 나오니까 머리가 있는 동물이라면 다 마음도 있는 것이라고 할 수 있을까요? 우리는 마음을 말로 표현하니까 알 수 있는데, 개나 고양이와 같은 동물의 경우는 어떨까요? 만약 말로 표현하지 못하는 마음이 있다면 무엇을 보고 마음을 알 수 있을까요?

주제: 마음과 머리

다음 문장에서 '마음'과 '머리'라는 말 가운데 보다 적합한 것을 찾아 써 넣어 보세요.

보기 : ① 마음 ② 머리 ③ 둘 다

❶ 나는 (   )(으)로 생각한다.

❷ 나는 다시는 그러지 않을 것을 (   )(으)로 결정한다.

❸ 진아는 넘어져서 (   )(이)가 깨졌다.

❹ 의사 선생님은 인준이의 (   )에 가해지는 아픔을 없애기 위해 수술을 시작했다.

❺ 지연이는 스스로 해결책을 발견했다. 실제로 지연이는 자신의 (   )을(를) 사용했다.

❻ 난 그 노래를 내 (   )(으)로부터 지워 버릴 수 없다.

❼ 모든 사람은 (   )을(를) 가지고 있다.

❽ 감기에 걸리면 (   )(가)이 아프다.

학급 문집과 장원 급제

노마네 반에서는 겨울 방학을 앞두고 학급 문집을 내기로 했다. 모든 어린이가 한 편씩 쓴 글을 가지고 예쁜 책을 엮기로 한 것이다.

노마는 그 동안 틈틈이 글을 써 보았지만, 막상 책을 낸다고 하니까 오히려 잘 써지지 않았다.

'이거 큰일났는걸. 다들 써 냈는데 나 혼자만 안 낼 수도 없고, 이걸 어쩐다? 수학이나 과학 공부 같으면 공식을 외우거나 참고서를 펴 보면 될 텐데. 정말 글짓기는 나를 괴롭힌다니까.'

며칠째 말도 잘 안 하고 끙끙거리는 노마가 걱정스러우신 듯 어머니께서 물으셨다.

"애, 노마야, 무슨 걱정거리라도 있니? 엄마한테 말해서 곤란한 게 아니면 말해 보렴."

"걱정이 아니라, 하도 답답해서 그래요. 전 지금 그만둘 수도, 어쩔 수도 없다고요. 아이고, 이걸 어쩐다?"

머리만 긁적이고 있는 노마가 안쓰러워 보였는지 어머니는 재차 물어 오셨다.

"애, 자꾸 그러지만 말고 속 시원히 말해 보렴. 엄마가 힘이 되어 줄 수 있을지 혹시 아니?"

그제야 노마는 고민을 털어놓았다.

"글 짓는 것 때문이에요. 글을 써서 책을 만든다는데, 도무지 좋은 글이 안 써지잖아요."

"글이 안 써진다고?"

"네, 그렇다고요. 예를 들면, 호랑이를 그리려고 했는데 고양이 정도만 되었어도 벌써 갖다 냈을 거예요. 그런데 제가 그린 건 고양이는커녕 강아지밖에 안 된다고요."

"호호. 그거 아주 재미있는 말이구나. 애, 강아지면 어떠니? 엄마 같으면 그냥 그걸 내겠다."

"그럴 수는 없어요."

"그럼 어쩌겠니? 그렇다고 남한테 써 달라고 할 수도 없을 테고, 또 네 실력이 그것밖에 안 되면 할 수 없는 일 아니겠니?"

"엄마, 전 그렇지가 않아요. 틀림없이 좋은 글을 쓸 수 있을 것 같은데, 그게 마음대로 잘 안 돼서 이러는 거라고요."

저녁 찬거리를 다듬고 계시던 어머니는 잠시 일손을 멈추고 노마를 바라보셨다.

"그런데 넌 자꾸 좋은 글, 좋은 글 하는데, 도대체 그건 어떤 글을 말하는지 한번 이야기해 보렴. 그러면 '나쁜 글'이 어떤 것인지도 알 수 있을 테니까."

"제가 생각하는 것들이 한 점으로 모아져서, 짜임새를 지니게 되면 좋은 글을 쓸 수 있을 것 같아요. 그렇지만 지금까지 제가 쓴 것들은 생각들이 초점 없이 마구 흩어지고, 또 꺾이기도 했다고요."

"노마야, 엄만 그걸 단지 글짓기 문제가 아니라 다른 문제로도 보고 싶구나."

"다른 문제로요?"

"그렇단다. 그건 단지 쓰는 문제이기 이전에······."

그때 노마가 어머니의 말씀을 막았다.

"잠깐요, 엄마. '생각하는 문제'라는 말씀인가요?"

"그렇지. 너는 자꾸 쓰는 걸 가지고 괴로워하는데, 엄마가 보기에 넌 겉만 보고 속은 안 보는 것 같구나."

"······."

노마는 그게 무슨 뜻인지 알 수가 없었다.

"사실, 쓰는 것뿐만 아니라 모든 일이 그런 게 아니겠니? 생각을 하지 않고 하다 보면 어느 한 가지도 제대로 될 수가 없는 법이지."

"엄마, 이제야 알겠어요. 생각 없이 억지로 글을 쓰다 보니까, 그런 엉터리 글이 써지는가 봐요."

"넌 아까, 생각이 한 점으로 모아져야 좋은 글이라고 하지 않았니? 그건 아주 훌륭한 발견이구나. 글뿐만 아니라 우리가 하는 일 모두가, 결국은 맺힌 생각을 풀어 나가는 것일 테니까 말이야."

"시험을 잘 보려면 공부를 많이 해서 여러 가지를 머릿속에 골고루 넣어 둬야 하는 것처럼요?"

"그뿐이겠니? 과학자들이 위대한 발견을 하는 것도 어느날 갑자기 그냥 솟아나는 것은 아니란다. 생각을 하고 또 해서 그것들이 머릿속에서 한 점으로 뭉쳐질 때 '철썩' 소리를 내며 떠오르는 것이 바로, 발견 아니겠니?"

"글을 쓰는 것도 마찬가지일 것 같아요. 생각에 생각을 거듭해서 여러 가지 생각들이 잘 짜여질 때, 정말 멋진 글이 나올 수 있을 거예요. 그런데도 전, 생각은 뒤죽박죽이면서 글은 제일 멋지게 쓰려 했다니까요."

"엄마도 가끔, 생각보다 행동이 앞설 때가 많단다. 누구나, 보이지 않는 생각보다 눈에 보이는 행동부터 하려고 하기가 십상이거든. 그래서 우리 조상님들은 사람을 선택할 때 항상, 그 마음씨나 감춰진 생각을 보려 하셨단다."

"그래서 옛날엔 나라에서 과거 시험을 볼 때 글을 지어 보게 했나 봐요."

"그렇지. 옛날에 과거 시험을 볼 때는 간단한 제목을 주고 몇 줄의 시를 쓰게 했지. 그래서 가장 훌륭한 글을 쓴 사람에게 장원 급제라고 해서 머리에 어사화를 꽂아 주질 않았겠니?"

"이제야, 옛날에 훌륭한 분들이 많이 나온 이유를 알 것도 같아요. 황희 정승, 이율곡, 이퇴계, 그리고 이항복……. 송강 정철 같으신 분들 말이에요."

"그래, 아주 잘 말했다. 옛날에는 무관을 뽑을 때도 그 사람이 쓴 글을 본 후에야 뽑았단다. 요즘에는 글을 잘 쓰는 사람보다 이것저것 많이 아는 사람이 여러 가지 시험에 합격하게 되지만……."

"그러니까 옛날에는 조상님들께서 무엇보다도 그 사람의 생각과 마음을 보고 나서야 나라 다스리는 사람을 뽑으신 거로군요."

"그렇고말고. 글만큼 그 사람을 더 잘 나타내는 게 어디 있겠니? 그러니 노마야, 너도 열심히 생각에 생각을 거듭해서 좋은 글을 쓸 수 있게 되길 바란다. 생각은 이 세상의 무엇보다도 소중한 것이니까."

생각해 봅시다

학교에서 공부를 잘하는 아이는 언제나 모범상을 받게 마련입니다. 그런데 착하고 올바른 것이 공부를 잘하는 것과 언제나 일치하는 것은 아닌 것 같아요. 도덕 시험은 백 점을 받아도 행동은 엉터리로 하는 친구도 있지요. 공부를 배워서 알고 있는 것과 실제로 행동하는 것이 왜 일치하지 않는 걸까요?
말만 앞세우고 시험에서 백 점을 받는 어린이는 착한 아이일까요?

함께 철학하기

주제: 심사숙고

국가나 사회에서 사람을 뽑아 쓰는 일은 매우 중요한 일입니다. 훌륭한 사람을 뽑게 되면 사회에 큰 도움을 주지만 그렇지 못한 사람을 뽑으면 사회를 망칠 수도 있기 때문입니다. 옛날 과거 시험에서는 그 사람의 인격을 살펴보고 뽑았는데 요즘에는 성적만을 보고 뽑을 때가 많습니다.

다음과 같은 '사람을 뽑기 위해서 살펴보아야 할 것들'을 보기에서 골라 중요한 것부터 차례로 괄호 안에 써 봅시다.

보기 :
① 책임감이 강하다　② 씩씩하다　③ 건강하다
④ 생각이 깊다　⑤ 기술이 뛰어나다　⑥ 성적이 우수하다
⑦ 마음씨가 곱다　⑧ 감정이 풍부하다　⑨ 용모가 아름답다
⑩ 말을 잘한다　⑪ 예절 바르다　⑫ 유머가 풍부하다
⑬ 운동을 잘한다　⑭ 용감하다　⑮ 정의감이 강하다
⑯ 글을 잘 쓴다　⑰ 어린이를 사랑한다　⑱ 판단력이 있다
⑲ 관찰력이 뛰어나다　⑳ 노래를 잘한다　㉑ 학식이 풍부하다

❶ 반장 (　　)　　❷ 학교 수위 아저씨 (　　)
❸ 선생님 (　　)　　❹ 간호사 (　　)
❺ 운전기사 (　　)　　❻ 판사 (　　)
❼ 경찰관 (　　)　　❽ 운동선수 (　　)
❾ 영화배우 (　　)　　❿ 국회의원 (　　)

2. 습관을 반성하기

2장에서는 습관의 문제를 다루고 있습니다. "세 살 버릇 여든까지 간다."라는 말이 있습니다. 특히 어린이들에게 습관만큼 중요한 것은 없을 것입니다.

일반적으로 어른들은 어린이들의 습관을 윽박지르거나 야단을 쳐서 고치려고 하기 쉬우며, 반대로 어린이들의 좋은 습관에 대해서는 주의를 잘 기울이지 않습니다. 2장에서는 어린이들이 생각과 반성, 그리고 깨달음을 통해 나쁜 습관에서 벗어나는 모습을 볼 수 있습니다.

잠꾸러기 노마의 새 출발

　노마 아버지는 새벽 다섯 시만 되면 집에서 꽤나 멀리 떨어진 구룡산을 오르신다. 노마가 눈을 떠 보면 아버지는 벌써 떠나셨고 일곱 시가 지날 즈음 땀을 흠뻑 흘리시며 돌아오신다.
　벌써 몇 해 전부터 시작하셨는데 노마는 감히 따라 나서지를 못한다. 왜냐하면 다섯 시에 일어난다는 것이 노마에게는 꿈 같은 이야기이기 때문이다.
　매일 아침마다 깊은 산에서 길어 온 약수를 마실 때면 노마도 일찍 일어나서 산을 오르겠다고 다짐을 해 보지만, 몇 년이 지나도록 한 번도 따라 나서지 못하고 말았다. 좋은 일일수록 그만큼 힘들기 마련이라고 했는데, 바로 이를 두고 한 말이라는 생각도 들었다.
　"아빠는 새벽마다 귀찮지도 않으세요?"
라는 노마의 물음에,

"아무도 일어나지 않은 캄캄한 새벽에 깊은 산을 오르는 즐거움을 잠꾸러기가 알 수 있을까?"

하고 대답하시던 아버지의 모습을 생각하며 노마는 세수도 하지 않고 마당에 멀거니 서 있었다.

'오늘도 아빠는 혼자 산에 가셨는데……. 나는 언제쯤에나 아빠랑 함께 산에 갈 수 있을까? 잠자리에 들 때마다, 내일은 꼭 일찍 일어나야지 하고 결심을 하고서도 항상 늦잠을 자게 된단 말이야. 나는 아직 한 번도 구룡산에서 약수는커녕 새벽 공기도 못 마셔 보았잖아.'

노마는 한숨을 쉬면서 또다시 생각에 잠겼다.

'이건 단지 나의 게으름 때문일까? 그렇다면 아빠의 부지런함이랑 나의 게으름은 어디에서 오는 거지? 아빠는 어려서부터 원래 부지런하셨나? 나는 아빠처럼 어른이 될 때까지도 게으름뱅이일까?'

그러다가 또 노마는 자기의 게으른 버릇이 생각과는 어떤 관계가 있을지 궁금해졌다.

'내가 게으름을 피우는 건, 스스로 '게을러야지' 하고 생각해서 그러는 건 아니야. 단지, 아무 생각 없이 게으름을 피운 거라고. 그런데 생각을 통해서 게으름을 고칠 수는 없을까?'

여기까지 생각한 노마는, 자기가 이제야 큰 걸음을 떼어 놓기 시작했다는 생각이 들었다. 그리고 무언가 손에 잡히는 기분이 들었다.

'맞아. 나는 생각을 못 했던 거야. 매일 늦잠을 자면서도 거기에서 벗어나야겠다는 생각은 꿈에도 갖질 못했던 거야. 적어도 늦잠 자는 버릇을 없애 버려야 한다는 생각 말이야.'

노마는, 다른 때도 생각이 중요하다는 것을 알기는 했지만 오늘처럼 생각이 귀중하다는 생각을 해 본 적은 없었다. 다른 것은 그만두고라도 '부지런한 생활'을 하기 위해서 없어서는 안 되는 것이, 바로 '부지런해야겠다는 생각'인 것을 깨닫게 된 것이었다.

아침에 게으른 버릇을 떨쳐 버려야겠다고 단단히 마음먹은 노마는 학교에 가서도 그 생각이 머릿속에서 떠나지를 않았다. 결국에는 모든 일이 '생각함'에서 비롯되고 꽃이 핀다는 생각을 하고 보니, 세상이 한층 더 밝게 보이는 것 같았다.

'생각을 바꾸면 틀림없이 생활도 바꿔 놓을 수 있을 거야. 하지만 우리 반 아이들이 모두, 자신들의 생각을 바꾼다면 어떻게 될까? 또, 우리 마을 사람 모두, 우리나라 사람 전체, 아니 이 세상 사람 모두가 생각을 바꿀 수 있다면 어떻게 될까?'

하나의 실마리를 잡아서 생각을 하게 되고 계속 나가다 보니, 너무 높이 올라온 것 같은 생각도 들었다. 생각을 하지 않는 것도 문제지만 생각을 자꾸 하다 보니, 너무 좋은 쪽으로만 흐르고 마는 것 같아서 은근히 겁이 날 지경이었다.

노마는, 지금부터는 생각을 행동으로 옮겨 가는 것을 궁리해 보아야겠다고 마음먹었다. 그렇게 안 하면 버릇도 못 고치고, 생각만 하다가 그만두게 된 적이 한두 번이 아니었음을 잘 알고 있기 때문이었다. 그러면서 또 다른 생각이 언뜻 떠올랐다.

'집에서나 학교에선 우리들에게 이런저런 것을 하지 말라거나 해야 한다고 늘 말하지만, 왜 그것을 하지 말아야 하는지, 또 왜 그것을 해야 하는지를 말하지 않을 때가 많이 있어. 그것은 나타난 것만 가지고 말하는 것이야. 그 이전에, 보이지 않는 것들, 이를테면 생각을 해 보고 깨닫고 하는 것은 빼놓은 것이라고. 말하는 이도 생각 없이 말하고 듣는 사람도 생각 없이 들으니까 제대로 될 수가 없는 거라고.'

그날 도덕 시간이었다. 노마는 이 시간에, 궁금증을 선생님께 여쭤 보기로 했다. 시작종이 울리고 선생님께서 수업을 시작하려고 하실 때, 노마는 손을 들고 일어서서 입을 열었다.

"선생님, 나쁜 버릇을 버리고 싶을 때는 어떤 방법이 좋죠?"

"음, 그거 좋은 질문이구나. 노마가 버릇을 고치려고 새로운 결심이라도 했나 보지? 그런데 그 질문에 대한 답은 금방 할 수가 없구나. 왜 그럴까?"

이때 나리가 얼른 말했다.

"선생님, 나쁜 버릇이라고 했는데 나쁜 버릇이 무엇인가에 따라 답이 여러 개로 나올 수 있지 않을까요?"

"제 질문을 고치겠어요. '나쁜 버릇'이라는 말 대신 '게으른 버릇'이라고요. 제가 매일 늦잠을 자기 때문에 늦잠 자는 버릇을 고치고 싶어서 여쭤 보았어요."

"오, 그랬었구나. 그럼 이 문제는, 우리 반 학생들 모두가 함께 생각하는 것이 더 좋겠구나. 여러분 중에서 노마의 질문에 도움이 될 만한 좋은 생각이나 경험 등을 얘기해 보도록 할 사람?"

그런데 한참이 지나도 말하는 아이가 없었다. 다른 것은 몰라도 게으른 것에 대해서는 할 말이 없는 듯한 표정들이었다.

"왜, 아무 말이 없니? 우리 반에는 노마말고 게으른 사람이 없기 때문인가? 아니면 노마와 마찬가지로 모두 게으르기 때문인가? 어디 말해 볼 사람 없어요?"

그래도 손을 드는 사람은 아무도 없었다.

"무슨 뾰족한 방법이나 생각이 없는 게로구나. 그럼 이 문제를 월요일 특별 활동 시간에 토론하기로 하자. 그때 좋은 의견을 많이 발표하도록."

그날 저녁이었다. 다음 날은 일요일인데 노마는 잠들기 전에 새벽 다섯 시에 종이 울리도록 시계를 맞추어 놓았다. 그 시간을 놓친다면 숙제를 못 해 간다는 걱정 때문에 노마는 시계를 머리맡에 두고 잠자리에 들었다.

'시계야, 정말 부탁한다. 내일 아침 일찍 내가 꼭 일어날 수 있도록 힘차게 울려 다오.'

이렇게 다짐하며 잠이 들었다.

이튿날 노마는 잠결에 아련히 들려오는 시계 종소리에 몸을 움츠렸다. 그렇게 한참이 지나고 노마는 지난 밤에 했던 결심이 생각났다. 노마는 후닥닥 잠자리에서 일어나 방문을 열고 나갔다. 아버지는 벌써 운동복 차림에 신발을 신고 계셨다.

"아빠! 잠깐만요, 옷 입고 저도 구룡산에 가겠어요."

아버지는 믿어지지 않아서인지 노마를 이상한 눈으로 바라보셨다.

"아니, 이게 웬일이냐? 오늘은 해가 서쪽에서 뜨려나?"

"그럴지도 모르죠. 오늘은 이 노마가 새 출발을 하는 날이라고요."
"새 출발?"
"그렇다니까요. 이제부턴 잠꾸러기가 아니라고요."

밖에는 아직 가로등이 켜져 있었고 큰길에도 사람들이 보이지 않았다. 낮에는 그렇게 시끌벅적하던 동네가 이렇게 조용한 것에 노마는 놀랐다. 한참 걸어서 구룡산으로 접어드니 차차 온몸에서 땀이 흐르고 숨이 가빠 오기 시작했다. 아버지는 그저 묵묵히 산을 오르기만 하셨다. 중간쯤 올라왔다 싶은 곳에 넓적한 바위가 나타나자 아버지는 걸음을 멈추시더니 가벼운 체조를 하기 시작하셨다. 그러고 나서 바위에 앉아 노마도 앉으라고 말씀하셨다.

"힘들지 않니? 여기가 첫 번째 쉬는 곳이야. 다음에는 정상에 오른 뒤 쉬게 된다. 어떠냐? 따라올 수 있겠지?"

"에이, 아빠. 저를 어떻게 보고 말씀하시는 거예요. 저도 자신 있다고요."

다시 산을 오르기 시작했다. 노마는 새로 힘이 솟는 듯하여 발걸음도 가볍게 아빠보다 앞장서서 걸었다.

'그래, 게으른 버릇을 가지고 이러쿵저러쿵 말하는 것은 웃기는 일이지. 이건 생각의 문제가 아니라, 하느냐 마느냐의 문제야. 눈 딱 감고, 일단 일찍 일어나는 습관을 몸에 배게 하면 될 거 아냐.'

노마는 한 고비를 넘겼다는 생각도 들었다. 그 동안 책상에만 앉아 생각하는 것에 흥미를 느꼈지만, 생각을 묻어 버리고 이것저것 망설일 것도 없이 일단 행동으로 옮겨야 하는 경우도 있다는 것을 깨달은 것이다. 이것을 어떻게, 몇 마디 말로 설명할 수 있단 말인가? 노마의 가슴은 뛰기 시작했다. 그리고 세상이, 아니 무엇보다도 자기 자신이 다른 사람이 된 기분이 들었다.

생각해 봅시다

자신의 나쁜 습관을 고치려고 애쓰지만 잘 되지 않아 포기하고 마는 경우가 있습니다. 습관은 몸에 배어 마음대로 통제되지 않고 저절로 일어나는 행동입니다. 나쁜 습관을 들이면 고치기가 그만큼 힘들어서 늘 꾸중을 듣게 되기 때문에 짜증만 늘어납니다.

어째서 습관이란 그리도 고치기가 힘든 것인지 마음과 몸의 관계를 생각하면서 고민해 봅시다. 그리고 나의 습관에 대해서도 생각해 봅시다.

함께 철학하기

주제: 복종

다음과 같은 것들은 우리들이 무조건 지켜야 된다고 들어 온 것들입니다. 각각의 경우에 그것을 지켜야 할 이유를 적어 보고 혹시 문제점이 있다면 말해 봅시다.

① 부모님 말씀 잘 듣기
② 공부 시간에 손 들고 발표하기
③ 좌측 통행하기
④ 용돈 절약하기
⑤ 국기에 대한 경례하기
⑥ 거리에 침 뱉지 않기
⑦ 차례로 줄 서기
⑧ 규칙적인 생활하기
⑨ 약속 지키기

비디오의 함정에 빠지다

오늘은 일요일이다. 이웃집에 놀러 갔던 노마가 돌아오는 소리가 났다. 노마가 엄마한테 뭐라고 말하는가 싶더니 한참 야단맞는 소리가 들렸다.

"넌 어쩜 그렇게 네 생각만 하니? 언제 사람이 되려고 그러니?"

조금 있다가 노마는 주먹 쥔 손등으로 눈물을 닦으면서 아버지한테로 갔다. 아버지께서는 책을 읽고 계시다가,

"어, 노마로구나. 어서 와라. 그런데 울고 있네? 너도 울 때가 다 있니?"

하시며 담배에 불을 붙이셨다.

"저는 눈물도 없는 줄 아세요? 그러니까 눈물이 더 나오잖아요."

"그래? 허허. 노마의 눈물 얘기 좀 들어 보자."

"장난이 아니라고요. 전 비디오를 갖고 싶어 잠도 안 와요. 옆집

별이넨 최신형 컴퓨터도 있다고요."
"그래, 비디오 때문에 울고 있단 말이지? 그걸 어디에 쓸 건데?"
"그게 없으면, 텔레비전이 안 나오는 낮엔 영화나 '밀림의 탐험' 같은 걸 못 보잖아요."
"그래, 그걸 못 본다고 울었단 말이지? 야! 그런 걸 가지고 울어?"
"그런 게 아니라, 엄마는 비디오 말만 꺼내도 야단을 치시잖아요. 아빤 모른 체하시고, 또 별이한테선 창피를 당하고……. 어떻게 안 울 수 있겠어요?"
"거, 아주 안 됐구나. 그런데 창피를 당했다는 건 무슨 말이니?"
"저는 별이네 집에 가서 비디오를 보면서 늘 숙제를 같이 했잖아요. 그런데 오늘은 안 보여 주면서, 이제부턴 오지 말라고 하잖아요. 어제까진 잘 보여 줬는데……."
"그야 당연하지. 너 같으면 매일 보여 주겠니? 그런데 노마야, 넌 처음부터 비디오 보길 좋아했니?"
"아니요, 처음엔 그냥 별이가 보여 줘서 봤는데, 자꾸 보니까 이젠 안 보면 보고 싶어서 죽겠어요."
"너, 지난번에 아빠한테 물었던 것 기억하겠지? 담배 연기가 싫다고 하면서 아빠보고 '언제부터 담배를 피웠느냐?', 또 '처음부터 담배 피우는 게 좋았느냐?'고 물었던 것 말이다."
"아! 생각나요. 군대에 가셨을 때 피우기 시작하셨고, 처음에 몇 번 피우다 보니까 좋아지게 되었다고 하셨잖아요."
"바로 그거다. 처음엔 별 생각 없이 한두 번 하다 보면 어느 것이든 거기에 얽매여 버리기가 쉽단다. 그래서 너랑 엄마가 담배 연기를 싫어하는데도 담배를 못 끊고 있질 않니?"
"아빠, 그럼 제가 비디오를 안 보면 못 견딘다는 것도 담배 피우는 것과 같다는 말씀이신가요?"
"똑같다고야 할 수 없지만, 그것 역시 우리가 빠지기 쉬운 함정 같은

것 아니겠니? 노마는 아빠처럼 그런 데에 빠지지 않기를 바란다."
그러자 노마는 입을 다물고 곰곰이 생각해 본 후 입을 열었다.
"아빠, 오늘부터는 비디오를 보거나 PC방 같은 곳은 가지 않겠어요. 그것이 함정인 줄 알고서야 어떻게 다가갈 수 있겠어요? 전 그것도 모르고……."
"노마가 그렇게 마음을 먹었다니 아빠도 오늘부터 담배를 줄이거나 끊어야겠다. 너와 얘기하는 가운데 이미, 이 아버지도 함정 속에 깊이 빠진 것을 깨닫게 되었구나. 고맙다, 노마야."
'아빠가, 그런 걸 가지고 나한테 고맙다고 하시다니! 정말 모를 일이야. 오히려 내가 감사를 드려야 할 텐데.'
노마는 왠지 자기가 어른이 된 것 같은 느낌이 들었다.

생각해 봅시다

한두 번 재미를 들이다 보면 우리가 바라거나 원하지도 않은 행동에 자신도 모르게 얽매이게 되는 경우를 볼 수 있습니다.
의식적으로 바로잡아 보려 해도 여간해선 어렵습니다. 더구나 그것이 나쁜 것인 줄 알면서도 왠지 하지 않고는 못 견디게 되는 것이 바로 나쁜 습관의 함정이라는 것입니다.
자. 어때요? 여러분은 혹시 나쁜 습관의 함정 속에 빠져 있지 않은지 한번 자신을 돌이켜보세요.

함께 철학하기

주제: 버릇(습관)

버릇에는 좋은 것과 나쁜 것이 있습니다. 좋은 버릇은 계속 익혀 나가고, 나쁜 버릇은 하루라도 빨리 고쳐 나가야 되겠지요? 그러나 "세 살 버릇이 여든까지 간다."는 말이 있습니다. 이것은 한 번 길들여진 버릇은 쉽게 고치기가 어렵다는 뜻입니다.

다음의 버릇들 중에는 좋은 것도 있고 나쁜 것도 있습니다. 각각의 버릇이 생기는 원인을 생각해 보고, 나쁜 버릇의 경우 고칠 방법을 적어 봅시다.

❶ 손톱 물어뜯기
방법:

❷ 일찍 자고 일찍 일어나기
방법:

❸ 남의 흉보기
방법:

❹ 용돈이 생기면 저금하기
방법:

❺ 만화 가게에 자주 가기
방법:

❻ 아침, 저녁으로 운동하기
방법:

❼ 마음 속으로 나쁜 생각하기
방법:

❽ 철저히 따져 보고 깊이 생각하기
방법:

❾ 맛있는 것만 골라 먹기
방법:

❿ 상스러운 말 섞어 쓰기
방법:

틀린 답과 거짓말

종일 싱글벙글하시는 모습으로 보아 선생님은 오늘따라 기분이 좋으신 모양이다. 수학 시간의 일이었다.

"참과 거짓을 알아봅시다. '2와 3의 합은 5이다.'는 맞는 말이고, '2와 3의 합은 4이다.'는 틀린 말입니다. 이때 맞는 말을 '참'이라 하고, 틀린 말은 '거짓'이라고 합니다. 다음을 '참'과 '거짓'으로 말해 보고, 참과 거짓으로 '말할 수 없는 것'도 찾아봅시다."

$7 \times 8 = 56$ … (　)　　$8 \div 4 = 4$ … (　)

$5 \times 4 = 20 \div 4$ … (　)　　$999 < 1000$ … (　)

$36 + 8 = 44$ … (　)　　$52 - \square = 44$ … (　)

선생님께서는 칠판에 위와 같은 문제를 제시하시고, 여섯 명의 아이들에게 답을 말하도록 하셨다.

"틀린 답을 대는 사람은 거짓말쟁이야."

선생님께서 농담 섞인 어조로 말씀하셨다.

"왜 그래요, 선생님?"

아이들은 이구동성으로 질문을 했다.

"거짓말을 한 셈이 될 테니까."

선생님께선 여전히 농담 섞인 어조로 대답하셨다.

여섯 명의 아이들 중에서 마지막 문제를 맡은 동수가 답을 잘못 대었다.

"동수는 거짓말쟁이야."

선생님께서 웃으시며 말씀하셨다.

동수는 눈이 휘둥그레졌다. 하지만 답을 잘못 대었으므로 아무 말도 못 하고 얼굴만 붉히고 있었다.

"좀 이상한데요, 선생님."

몇몇 아이가 한꺼번에 질문을 했다.

"무엇이 이상할까? 틀린 답을 대는 것은 거짓이지? 그런데 거짓말 하는 사람을 무엇이라고 하지?"

선생님께서 싱글벙글 웃으시면서 아이들에게 물으셨다.

"거짓말쟁이요."

아이들은 일제히 대답했다.

"틀림없지?"

아이들은 역시 입을 모아 대답했다.

"네."

"그런데, 동수는 답을 틀리게 대었잖아?"

선생님께서 다시 질문을 하자 교실 안은 잠시 조용해졌다. 얼떨결에 대답을 해 놓고도 아이들은 어리둥절한 모양이었다.

이때 노마가 일어서며 큰 소리로 질문을 했다.

"좀 이상한데요, 선생님! 틀린 답을 대었다고 반드시 거짓말쟁이라고 할 수는 없어요. 왜냐하면 답을 잘못 대는 경우도 있을 테니까요. 더구나 공부를 좀 못한다고 모두가 거짓말쟁이일 수는 없잖아요."

노마는 자기의 의견을 또박또박 선생님께 말씀드렸다.

"맞아요, 선생님. 공부를 잘하는 아이도 거짓말을 하던데요?"

은영이가 노마의 말을 거들었다.

"동수는 거짓말쟁이가 아니라 오히려 착한 어린이지. 그런데 참 이상하지? 선생님 말이 왜 틀렸을까?"

여전히 선생님께서는 싱글벙글 웃으시며 반 아이들에게 되물으셨다. 교실 안은 또다시 조용해졌다.

"선생님, 답을 잘못 말한 것과 거짓말을 한 것과는 다르잖아요?"

동수는 모처럼 용기를 얻은 듯 입을 열었다. 그러자 아이들은 모두 동수의 편이 된 듯했다.

"맞아요, 선생님."

반 아이들이 일제히 대답했다.

"선생님, 거짓말이란 거짓임을 알고도 남을 속이려고 하는 말이잖아요. 동수는 거짓임을 모르고 말했으니까 속이려고 말하지는 않은 거죠. 그러니까 동수는 거짓말쟁이가 아니에요."
나리가 자신 있게 말했다.
"그래요, 선생님."
아이들은 속이 후련한 듯이 소리쳤다.
"너희들 생각이 옳은 것 같구나. 그러나 모르면서 아무렇게나 답을 쓰는 것이 남을 속이는 것은 아닐지 몰라도 자신을 속이는 것이 될지도 모르는 일이잖겠니?"
선생님의 말씀이 끝나자, 수업 시간이 끝났음을 알리는 종이 울렸다.

집으로 돌아오는 길에 노마는 오늘 수학 시간에 있었던 일을 곰곰이 생각해 보았다. 수학 시간이 선생님의 이상한 말씀(농담) 때문에 토론으로 끝났지만, 이런 시간이 자주 있었으면 좋겠다고 생각했다. 그리고 마음 속으로 토론 내용을 정리해 가며 중얼거렸다.

'답을 틀리게 말했다고 해서 거짓말쟁이라고? 그럴 수는 없지. 왜냐하면 답을 틀리게 말하는 경우가 한 가지만은 아닐 테니까. 일부러 틀리게 대는 경우도 있을 테지만, 몰라서 틀리게 댈 수도 있고, 또 실수를 해서 틀리게 댈 수도 있어. 또……. 그런데 동수는 어느 쪽이었을까? 틀림없이 일부러 틀리게 답하지는 않았을 거야. 어쨌든, 선생님 말씀 중에 '답을 틀리게 대는 것은 거짓말이다.' 라는 말에 문제가 있었던 거야. 답을 틀리게 말하는 경우는 한 가지만은

아니니까.'

이때 문득 노마는 언젠가 책에서 앞의 두 문장을 바탕으로 하여 하나의 문장으로 만드는 방법(삼단 논법)에 관하여 읽은 것이 생각났다. 이런 경우에도 그 추리 방법을 실험해 보고 싶었던 것이다.

노마는 발걸음을 멈추고 책가방에서 연습장을 꺼내 들어 다음과 같이 써 보았다.

> 거짓말을 하는 사람은 거짓말쟁이다.
> △△는 거짓말을 하였다.
> 그러므로 △△는 거짓말쟁이다.

이것은 틀림없이 맞는 추리였다. 그렇다면 오늘 있었던 일의 경우는 어떨까?

> 답을 틀리게 대는 것은 거짓말이다.
> 동수는 답을 틀리게 대었다.
> 그러므로 동수는 거짓말을 하였다.

이 경우도 틀림없이 맞는 추리 같았다.

'그러나 이상하다. 오늘 토론에서의 주장들처럼 동수가 거짓말을 했을 리 없다면 이 경우는 틀림없이 맞는 추리가 될 수 없다.'

여기까지 생각한 노마는 머리를 좌우로 흔들었다. 그러고는 다시 중얼거렸다.

'그렇다. 앞의 두 문장이 반드시 참일 때만 이 추리 방법이 들어맞는다. 이 경우처럼 '답을 틀리게 대는 것은 거짓말이다.'는 꼭 맞는 말은 아니기 때문에 맞는 추리가 아니다.'

노마는 가슴이 두근두근 뛰었다. 이처럼 추리 방법을 잘못 사용하는 경우가 많을지도 모른다는 생각이 들었다.

노마는 또다시 중얼거렸다.

'문제는 역시 답을 틀리게 대는 것은 거짓말이라는 말에 있었다.

선생님은 이런 문제를 가지고 우리를 놀리신 게 틀림없어.'

노마는 집에 가서 전에 읽었던 책을 다시 찾아 읽어 보아야겠다는 생각으로 발걸음을 재촉했다.

생각해 봅시다

틀린 답과 거짓말은 비슷한 말처럼 보이지만 사실은 완전히 다른 말입니다. 답이 틀리다고 해서 반드시 거짓말쟁이가 아닌 것처럼 답이 맞는다고 거짓말쟁이가 아니란 보장도 없지요.

이것은 반대의 경우도 마찬가지입니다. 그러니까 몰라서 틀린 것과 고의로 틀리게 한 것은 엄연히 다른 뜻이 되겠군요.

함께 철학하기

주제: 삼단 추리

다음은 앞의 두 문장을 바탕으로 하여 하나의 문장으로 만든 예들입니다.
추리하여 만든 문장이 '참'인지 '거짓'인지 적어 보세요. 거짓일 경우에는 그 이유를 말해 봅시다.

① 나리는 별이보다 키가 크다. 별이는 보미보다 키가 크다. 그러므로 나리는 보미보다 키가 크다. (   )

② 성구는 진호보다 빠르다. 진호는 현수보다 빠르다. 그러므로 성구는 현수보다 빠르다. (   )

③ 나는 아버지의 아들이다. 아버지는 할아버지의 아들이다. 그러므로 나는 할아버지의 아들이다. (   )

④ 모든 진돗개는 동물이다. 모든 개는 동물이다. 그러므로 모든 진돗개는 동물이다. (   )

⑤ 어떤 어린이들은 무술 영화를 좋아한다. 노마는 어린이다. 그러므로 노마는 무술 영화를 좋아한다. (   )

3. 알고 행동하기

3장에서는 어린이들에게도 합리적 추론에 입각한 도덕적 판단 능력이 있다는 것을 보여 주고 있습니다. 지금까지의 우리의 도덕 교육을 되돌아보면 어른들이 판단해 놓은 것을 주입시키고 있을 뿐, 어린이들이 스스로 올바른 판단을 하기 위한 형식과 절차는 소홀히 다루고 있는 실정입니다.

이제 도덕 교육은 덕목의 주입이나 습관, 혹은 성격을 형성시키는 것이라는 데서 벗어나야 합니다. 어디까지나 어린이들이 도덕적 판단의 주체로서 합리적인 도덕 판단의 형식과 절차를 탐구하는 방향으로 전환해야 할 것입니다.

기막힌 준비물

 노마는 아침에 먹은 생선이 너무 짰던 탓인지 공부 시간에도 목이 말라 침을 삼키기에 바빴다.
 선생님은 막대로 우리나라 지도를 이곳저곳 가리키시며 열심히 설명하고 계셨다. 그러나 노마는 수업 시간이 빨리 끝나기만을 기다리고 있을 뿐이었다.
 "삼면이 바다인 우리나라는 예로부터……."
 선생님의 설명은 계속 이어지고 있었다.
 "그래서 장보고는 이곳 청해진을 노략질하는 해적들을 물리치기 위한……."
 노마는 여전히 딴 생각만 하고 있었기 때문에 선생님의 말씀이 제대로 귀에 들어올 까닭이 없었다. 노마의 입은 시원한 것이 들어오기만을 바라고 있었던 것이다.

'아하! 그래. 장보고가 사이다를 마시며 시원한 바다에서 해적들을 물리치는데…….'
바로 그때, 선생님의 굵직한 목소리가 노마의 귀청을 때렸다.
"노마 일어서."
갑자기 노마는 교실이 한 바퀴 획 도는 것 같았다.
"장보고는 어디에 근거지를 두고서 노략질하는 해적들을 물리치려고……."
선생님의 질문이 끝나기도 전에 노마의 입에서 저절로 말이 튀어 나왔다.
"저, 사실은 사이다요."
순간 한꺼번에 터져 나온 아이들의 웃음소리가 유리창을 흔들어 놓았다.

집으로 돌아가는 노마의 발걸음은 무겁기만 했다. 아이들이 하루 종일 노마를 보고 '사이다, 사이다!' 하며 놀려 댔기 때문이었다. 분풀이라도 하듯 길가의 돌멩이를 걷어찼다. 하지만 곧, 학습 과제로 마음을 돌렸다. 선생님께서는 고구마나 양파, 감자를 컵에 담아 자라는 모습을 관찰하라고 말씀하셨다.
노마는 길을 걸으며 곰곰이 생각해 보았다. 아니 엉뚱한 생각을 다시 시작했다.
'유리 컵 하나에는 양파든 고구마든 하나밖에는 넣을 수가 없어. 하나의 컵에 두 가지, 세 가지를 한꺼번에 넣고 비교하며 관찰할

수는 없을까?'

이때 이웃에 사는 나리가 노마 옆으로 다가왔다. 그리고는 장난치듯 노마를 밀쳤다.

"무슨 생각하니?"

그 바람에 노마는 땅바닥에 코를 박을 뻔했다. 화가 잔뜩 난 노마는 신발주머니로 자기를 밀어 넘어뜨린 아이를 때려 주려고 했으나, 뒤돌아보니 나리가 아닌가!

'나리는 나와 단짝이니까…….'

왠지 나리만은 오늘 일로 자기를 비웃지는 않았을 것이란 느낌이 들었다. 멋쩍어진 노마는 길가에 버려진 플라스틱 음료수 병을 무심코 집어 들었다.

"그건 무엇에 쓰게?"

당황한 노마는 순간 아무렇게나 입에서 나오는 대로 대답했다.

"응, 이거. 비행기 만들려고."

"어떻게?"

"그건 말이야……. 이건 가볍잖니, 그래서 음……. 날개를 접착제로 양쪽에 붙이고 또 프로펠러를 병마개가 있는 이곳에 만들어서 병 속으로 고무줄을 연결하는 거야."

"그게 말이 되는 소리니? 그렇게 만든 비행기는 아직까지 한 번도 못 봤어."

"아니, 내가 뭐 꼭 비행기를 만들겠다는 것은 아니었어. 그렇게도 생각을 해 봤다는 거지."

"그럼, 그걸 무엇에 쓰게."

"장난감으로 가지고 놀지."

"넌 고작 노는 것밖에 생각할 줄 모르니?"

나리가 핀잔을 주자 노마는 머리를 긁적이며 말했다.

"실은 그냥 무심코 주운 건데, 그렇다고 버릴 만한 마땅한 장소도 안 보이니 어쩌겠니? 생각만 잘 하면 어디엔가 쓸모가 있을 거야. 나리야, 난 지금 그걸 생각 중이라고."

"그것 참 좋은 생각이로구나."

"이건 물에 뜰 수 있어. 그래서 배를 만들 수도 있지. 여기 병마개를 달고 이 옆은 칼로 자르는 거야. 어때? 거북선 같지 않을까? 잘만 꾸민다면 말이야."

노마의 설명에 귀를 기울이며 듣고 있던 나리는 감탄한 듯이 노마를 쳐다보았다. 그러자 노마는 어깨를 한 번 으쓱하고는 휘파람을 불었다.

"얘, 노마야. 장난감 같은 것은 그만 생각하고 공부에 필요한 것으로는 만들 수 없을까?"

잠시 이리저리 병을 살펴본 노마는 별것 아니라는 듯이 말하기 시작했다.

"병 밑을 자르면 깔때기로도 쓸 수 있고, 병마개 주위를 자르면 컵이나 그릇으로도 쓸 수 있지 않을까? 자르지는 않더라도 병마개 사이에 나무토막을 끼워서 두 개를 연결하면……. 잠깐, 철사를 써야겠군. 고리로 말야. 그럼 옷걸이가 되겠지? 또 색종이를 겉에

잘 발라서 시간표로도 만들고, 여길 자르면 연필꽂이도 되는구나. 그리고 또……."

계속되는 노마의 설명에 나리는 입을 다물지 못하고 빤히 쳐다보기만 했다. 노마는 정말 기분이 좋았다. 그래서 이제는 나리를 골려 주고 싶었다.

"나리야, 넌 이걸로 무얼 만들 수 있니?"

나리는 얼른 좋은 생각이 떠오르지 않았다. 노마에게 진 것 같아 창피한 생각이 들었다. 한참을 생각하다가 조그마한 목소리로 말했다.

"인형. 그래, 인형을 만들겠어. 여기다 빈 달걀 껍질을 씌워 머리를 만들고, 여기엔 천으로 옷을 입히고, 또 여긴……."

"좋은 생각이구나. 그런데 너 내일 양파, 고구마, 감자 관찰 준비는 어떻게 할 거니?"

그러자 나리는 두 눈을 반짝이며 걱정 없다는 듯이 큰 소리로 말했다.

"난 빈 병을 이용해 볼 거야. 고마워. 안녕!"

나리는 굉장한 생각이라도 한 듯이 뒤도 돌아보지 않고 자기 집으로 달음박질쳐 갔다.

나리의 뒷모습을 바라보며 노마는 속으로 중얼거렸다.

'나리야, 난 네가 더 고마워. 비록 쓸모 없어진 하찮은 빈 병이지만 생각만 잘 한다면 우리 생활에 많은 도움을 줄 수 있다는 것을 알게 되었으니까. 덕분에 또 기막힌 준비물을 만들 수 있게 되었잖아.'

내일이면 선생님과 반 친구들이 모두 깜짝 놀랄 모습을 생각하며 노마도 집으로 힘껏 뛰어갔다.

생각해 봅시다

공부 시간에 선생님의 설명을 듣지 않고 다른 생각을 한 적이 있지요? 수업 시간에 집중해서 귀를 기울이지 않고 딴전을 벌이면 선생님의 말씀을 이해하지 못하고 그냥 넘어가게 됩니다. 그러나 그렇다고 해서 교과 내용만 암기하듯이 외우는 식의 공부만이 바람직한 것은 아니지요. 때와 장소만 가린다면 노마처럼 엉뚱하거나 흥미로운 생각을 품어 보는 것은 친구들을 즐겁게 하고 공부의 의욕도 높이는 유익한 일이 될 것입니다.

주제: 바꿔 생각하기

아래의 간단한 수학 문제에서 +는 ×로, −는 ÷로, ×는 −로, ÷는 +로 바꾸어 생각하며 계산을 해 보세요. (제한 시간 2분)

8+2=   6×5=   9−3=
8÷5=   6÷6=   8+3=
13−1=   4×3=   16−4=
6+2=   17×2=   8×2=
14÷7=   9×9=   7×4=

다음 그림을 보고 정사각형이 몇 개 있는지 알아봅시다. 또 사각형은 몇 개 있는지 알아봅시다.

정사각형 : (   )개   사각형 : (   )개

생각 없는 세계

"어휴, 당신도. 그게 어디 우리들만의 책임인가요?"
"그래도, 우리에게도 조금은 책임이 있잖아요."
"자꾸 생각만 하고 이렇게 얘기만 하면 뭐 해요. 옳고 그른 것을 따져 봐야죠."

도대체 어른들의 걱정은 끊일 날이 없는가 보다. 이런저런 생각으로 노마네 부모님은 걱정이 태산같이 쌓여 있으신 것 같았다.

'그래, 이 모든 것은 생각 때문에 일어나는 거라고. 만약 생각을 없앨 수만 있다면 걱정이나 근심이 싹 없어질지도 몰라.'

노마는 이렇게 생각하고 나니, 벌써 문제를 해결해 버린 듯한 느낌마저 들었다.

'음, 이것도 생각인데 이상하잖아! 이럴 땐 생각이 도움을 주는 것 같은데……'

노마는 옆집에 사는 나리와 함께 의논해 보면 도움이 될 것 같아 나리네 집으로 향했다.

노마는 초인종을 눌렀다.

"누구세요?"

인터폰에서 예쁘고 가는 목소리가 흘러 나왔다. 언제나 나리의 목소리는 다정한 느낌을 준다.

"나리야! 나야, 나! 노마라고!"

"응, 노마구나, 어서 들어오너라."

노마는 순간 당황하여 갑자기 멍청해진 기분이 들었다. 그 목소리는 분명 나리의 목소리가 아니었다.

'내가 착각을 했나? 분명히 나리의 목소리인 것 같았는데……. 미안해서 어떡하지?'

대문을 여는 나리와 나리 엄마는 재미있어 죽겠다는 표정으로 웃고 있었다. 순간 노마는 얼굴이 빨갛게 달아오르는 것을 느꼈다.

"노마, 너! 실수했지?"

"난, 네 목소리로 착각했단 말이야."

"어서 들어오기나 해."

"……."

노마는 좀 더 신중하게 생각했더라면 이런 창피는 안 당했을 텐데 하고 후회했다. 그 때문에 생각을 없애는 것에 대해서 나리와 이야기하고 싶었던 마음이 싹 가셨다. 그러나 이왕 온 김에 얘기를 꺼내기로 했다. 나리는 노마의 이야기를 한참 동안 듣더니 입을 열었다.

"난 생각을 없앨 수 없다고 생각해. 왜냐하면 방금 네가 말한 것도 다 생각이 있기 때문에 할 수 있었던 거 아니니?"

"생각이 생각을 낳는다는 말이 있잖아. 그러니 생각이 생각을 없앨 수도 있지 않을까?"

"그게 가능할까? 아무리 그래도 그것 역시 생각 안에 머무르는 것밖에 더 되니?"

"그럼 이런 경우는 어떨까? 우리가 갑자기 큰일을 당했을 때나 무언가에 얻어맞을 때는 생각이 없어지고 앞이 깜깜해지잖아?"

"넌 해가 구름에 잠시 가리워진다고 해서 해가 없어지는 거라고 생각하니? 마찬가지로 너무 당황해서 생각할 틈이 없어진 걸 거야."

나리의 말을 들으며 고개를 끄덕이던 노마가 말했다.

"그렇다면, 생각이 없다면 어떤 재미있는 현상이 나타날까?"

"아마 호랑이나 늑대처럼 살게 되겠지. 그러면 물고 뜯는 싸움이 계속되는 생활을 하게 될 거라고 생각해. 그리고 로봇처럼 아무런 생각 없이 다른 어떤 것이 시키는 대로 살아가게 될 거야."

"야, 이거 무척 재미있는데. 하지만 호랑이나 늑대 같은 동물은 옳고 그른 것을 따져야 할 때 누가 옳은지 생각할 수 없으니까 매번 싸워야 하잖아."

"로봇도 마찬가지야. 로봇처럼 산다면 남이 시키는 대로 따라 하기만 하면 되니까, 자기 행동에 전혀 책임을 안 져도 되는 문제가 발생하잖아? 그러니까 생각이 필요한 거야."
나리가 노마를 보고 빙그레 웃으며 말했다.
"그래, 나리야, 네 생각이 옳아. 나는 단지 생각을 없앨 수 있을까 해서 이야기했던 거야. 생각은 서로의 의견에 잘못된 점이 있으면 가려내고 올바른 판단을 내리는 데 도움을 주잖아."
"그리고 생각은 스스로 판단하고 결정을 내리는 데 길잡이가 되니까, 바른 생각은 책임감 있는 사람을 만들 수도 있어."
노마와 나리는 하늘 끝까지라도 날아갈 것 같은 표정을 지었다.

다음 날.
"나리야, 이 사진 좀 봐! 이건 지난 여름 방학 때, 속초에 있는 설악산에 놀러 갔을 때 찍은 사진이야."
"야, 멋진데. 마치 달력에서 본 그림 같구나."
"그래, 아빠 따라서 두 번인가 갔었는데, 갈 때마다 새롭게 느껴져. 이 사진 좀 봐, 내 옆에 서 있는 아이는 그때 사귀었는데 거의 매일마다 함께 놀았어. 나리 너도 내년에 나랑 같이 갔으면 좋겠다."
"그런데 노마야, 한 가지 물어보고 싶은데, 네 마음 속에 남아 있는 설악산에 대한 생각들이 지금까지도 설악산 그 자체와 다를 바 없이 생생하

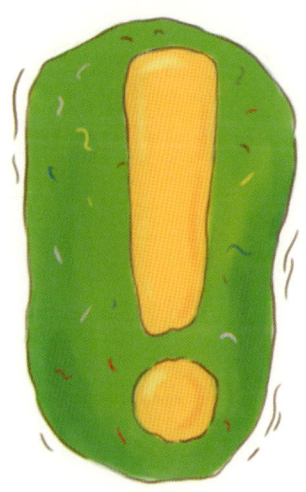

니? 그리고 또 그런 생각이나 조금 전에 본 사진이 설악산 그 자체와 똑같을까?"

"글쎄, 이런 말이 있잖아. 사진은 거짓말을 안 한다고. 나리, 네 이마에 있는 까만 복점도 사진을 찍으면 정말 똑같이 나오잖아. 그러니 진짜 네 모습하고 사진은 같다고 생각해."

"그러나 생각은 어떤 사물 그 자체와 똑같다고 할 수는 없다고 생각해. 생각은 자꾸 변하잖아."

"휴, 생각이 또 나를 복잡하게 만드네. 그 이야기는 다음에 하자."

힘들어하는 노마를 보며 나리가 말했다.

"생각은 설악산과 똑같을 수는 없어. 또 생각은 볼 수도 만질 수도 없어. 그렇지만 생각은 단숨에 설악산에 가 있기도 하고, 달나라까지 갈 수도 있고, 장래를 앞질러 내다볼 수도 있고, 또……"

생각해 봅시다

'짐승들의 본능적인 행동이나 프로그램의 명령대로 움직이는 로봇의 행동에는 생각이 없다.'라고 할 수 있을까요?

로봇은 남이 시키는 대로 따라 하기만 하면 되니까 자기 행동에 책임질 필요가 없다고 한 나리의 말을 곰곰이 생각해 봅시다.

생각하거나 알고 행동하는 것에는 책임이 뒤따르고, 모르고 행동하는 것에는 책임이 없다고 말할 수 있는 이유는 무엇일까요?

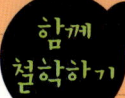

주제: 생각에 대하여 생각해 보기

생각이 어떤 일을 실제로 일으킬 수 있을까요?

진미 : "나는 어려서부터 우주 비행사가 되겠다고 생각했어. 언젠가 내가 우주 비행사가 된다면 그것은 내가 어렸을 때부터 그런 생각을 했기 때문일 거야."

① 진미의 생각은 실제로 진미를 우주 비행사로 만들 수 있을까요?
② 우리가 생각하는 것은 우리가 어떻게 살아갈 것인가와 관계가 있다고 할 수 있을까요?

성호 : "맞아. 난 마음 속으로 팔을 올리고 싶다는 생각을 해. 그러고 나서 팔을 올리지. 그건 분명히 팔을 올리겠다는 생각이 팔을 올리게 한 거야."

① 성호의 생각이 자기의 팔을 올릴 수 있을까요?
② 팔을 올리겠다는 생각을 먼저 하지 않고도 팔을 올릴 수 있을까요?

생각은 실제로 있는 것과 똑같을까요?

명수 : "난 마음 속으로 우리 집 생각을 하는데, 그것은 실제로 있는 우리 집과 똑같아."

① 명수의 집에 대한 생각은 명수네 집과 똑같을까요?
② 어떻게 우리는 실제로 있는 것과 없는 것의 차이점을 말할 수 있을까요?

용과 이무기

학년이 새로 바뀌어서 그런지 오늘따라 노마네 반은 시끄럽기만 했다. 아침부터 몇 번이나 조용히들 하라고 주의를 받았지만 역시 마찬가지였다.

노마는 선생님의 얼굴을 떠올리며 조금만 더 떠들면 벌을 받게 될지도 모른다고 생각했다. 이때 현수가 낮은 소리로 말했다.

"야, 너희들, 용이라는 게 있다고 생각하니? 이무기라는 건 어떻고?"

"너 아직 어린애로구나. 아직까지도 용 같은 게 있느냐고 묻는 걸 보니."

병태가 우습다는 듯이 말했다.

"그게 아냐. 용이라는 게 없다고 생각해 버리면 그만이지만 그럴수록 더 이상한 게 있어."

"뭐가 이상한데?"

"용이라는 게 없으면서 용이라는 이름이 있으니 이상하잖니. 모든 사물은 이름을 가지고 있어. 바꾸어 말하면 이름이 있다는 것은 그 사물이 있다는 것을 뜻하는 게 아니겠니? 예를 들어 '책상'이란 이름이 있으면 '책상'이란 사물이 있고, '별'이란 사물이 있기 때문에 '별'이란 이름이 생긴 거지. 그런데 용이란 이름이 있는데 그 실물이 없다니 말이야."
현수는 조리 있게 말했다.
"우리가 눈으로 보거나 손으로 만질 수 없는데 이름이 있는 것들도 있잖아. 예를 들어 바람 같은 것 말이야."
노마가 말했다. 그러자 나리가,
"나뭇잎이 움직이는 것으로 바람이 있다는 걸 알 수 있잖아."
하고 대꾸했다. 그때 뒤에서 굵직한 목소리가 들려왔다.
"그렇지, 바람이 있다는 건 확인할 수 있지. 그러나 우리의 감각으로는 도저히 느낄 수 없으면서도 존재하는 게 있지 않을까?"
선생님께서 어느새 들어오셨는지 뒷문 쪽에서 이렇게 말씀하셨다.
"너희들 아주 재미있는 얘기를 하고 있구나. 어디 내 질문에 한번 대답해 보렴. 이름은 있으나 그것이 있는지 없는지를 감각을 통해서 알 수 없는 것들에는 무엇이 있지?"
그러자 아이들은 저마다 한마디씩 했다. 선생님은 앞으로 나오셔서 그것들을 칠판에 받아쓰셨다.
'이무기, 천당, 외뿔소, 하느님, 지옥······.'
"그러면 이무기가 있다고 생각하는 사람, 손들어 봐."

선생님께서 물으시자 여섯 명의 손이 올라갔다. 이어서 선생님은 천당, 외뿔소, 하느님, 지옥……. 순서대로 아이들에게 손을 들어 보라고 하셨다. 아이들의 손은 각각 다르게 올라갔다 내려갔다 했다.

"그럼, 여기 교탁이 있지?"

선생님께서 교탁을 짚으며 아이들에게 물으시자 아이들은 모두, '네' 하고 대답했다.

"그럼, 교탁이 있다는 사실에 대해서는 아무 의심 없이 받아들이면서, 왜 우리의 감각으로 알 수 없는 것들에 대해서는 각자의 의견이 달랐을까? 그 이유는 무엇일까?"

선생님의 물음에 노마가 대답했다.

"우리가 감각으로 느낄 수 있는 것은 '~은 있다(없다).'라고 표현하고, 우리가 감각으로 알 수 없는 것은 '~은 있다(없다)고 생각한다.'라고 표현합니다. 그러니까 '~라고 생각한다.'라고 표현하는 것은 결국 마음의 문제인 것 같습니다."

"노마야! 마음의 문제라고? 그 얘기는 어떤 것이 있고, 없고는 결국 마음에 따라 '있다', '없다'라고 할 수 있다는 말이니? 그럼 실제로 있을지 모르는 것일지라도 마음에 따라 얼마든지 없다고 할 수 있다는 얘기냐?"

"에이, 선생님. 실제로 있는 걸 어떻게 없다고 말할 수 있겠어요. 제 말은 어떤 것이 실제로 있는지 없는지 알 수 없을 때, 그것이 '있다', '없다'라고 하는 것은 결국 그렇게 말하는 사람의 마음에 달려 있다는 걸 말씀드린 거예요."

"거, 점점 복잡해지고 어려워지는 것 같구나. 네 얘기는 어떤 것이 '있다', '없다'의 문제보다 어떤 것이 있는지, 혹은 없는지 '알 수 있다', '알 수 없다'의 문제가 먼저 해결되어야 한다는 얘기처럼 들리는구나. 알고 난 다음에야 어떤 것이 '있다', '없다'고 말할 수 있을 테니까 말이다."

"선생님 말씀은 잘 알겠어요. 그렇지만 제 얘기는 어떤 것을 알 수 있는 경우가 아니고 모르는 경우를 말씀드리는 거라고요. 있는지 없는지 모르는 경우에는 단지 어떤 것이 '있다(없다)고 생각한다.'고 말할 수 있을 뿐이라는 걸 말씀드리는 거라고요."

"노마야, 그렇더라도 그렇게 생각하고 말하는 이유나 근거 같은 것을 이야기하지 않아도 된다는 것은 아니겠지? 감각으로 느끼거나 알 수 없다고 해서 마음 내키는 대로 말해도 된다는 뜻은 아닐 테지?"

"네, 저도 그렇게 생각하고 있어요. 잘 모르겠으면 모르는 대로, 조금밖에 알 수 없으면 아는 만큼이라도 있는 힘을 다해 올바른 이유나 근거를 대야 된다고 생각합니다."

"그런데 노마야, 실제로는 어떻지? 우리 주위에서 보게 되는 아이들은 어떻게 생각하고 말을 하고 있지?"

"음, 잘 알 수 없다고 해서 그냥 기분 내키는 대로 말하고 억지를 쓸 때가 많은 것 같아요. 남의 말만 듣고 자기 생각처럼 말하거나, 누구누구도 그렇게 말하더라고 하면서 터무니없는 말을 하는 아이들이 많이 있어요."

"하긴, 네 말이 옳다. 어쩌면 어떤 것에 대해서 우리가 잘 알 수 없을 때가 잘 알고 있는 때보다도 더 중요한 경우가 많다고 해야겠지. 잘 알 수 없을 때 어떻게 말하고 행동하는가에 따라서 그 사람을 알 수 있다는 생각이 드는구나."

"선생님, 이런 일도 있겠지요. 훌륭한 사람은 잘 풀리지 않는 어려운 문제를 해결하는 데서 알 수 있다고 하셨잖아요? 평소에는 큰소리치다가 진짜 어려운 일을 당하면 쩔쩔매는 사람들이 나라를 다스리게 되면 그 나라가 위태로워진다고도 말씀하셨고요."

"하긴 노마야, 별것 아닌 것 같지만 오늘 너희들과 이야기한 것만큼 중요한 것도 없으리라는 생각이 든다. 문제를 어떻게 보고 또 어떻게 생각하는가에 따라서, 우리의 삶이 행복해질 수도 있고 또 커다란 일을 이룰 수도 있을 것 같다는 생각이 드는구나."
"선생님, 이젠 저도 알 수 있어요. 어떤 것을 함부로 보거나 생각해서는 절대로 안 되겠다는 생각이 들어요. '용'만 해도, 기분 내키는 대로 있다, 없다고 말해서는 안 될 것 같아요."
저만치서 병태가 한마디 했다.

생각해 봅시다

눈에는 보이지 않지만 엄연히 세상에 존재하고 있는 것들은 무엇이 있는지 생각해 봅시다. 또 실제로는 없지만 그 이름이 있는 것들은 무엇이 있는지 생각해 보고, 그 이름이 어떻게 생겨났는지 따져 봅시다.
생활 속에서 '왜?'라는 의문을 갖는 것은 매우 중요한 일입니다. 많은 발명은 '왜?'라는 의문 속에서 탄생되었고, 철학도 '왜'라는 물음에서부터 출발하게 됩니다.
곰곰이 따지고 생각하는 버릇은 많은 깨달음을 가져다 줍니다.

> **함께 철학하기**
>
> ### 주제: 때와 장소 안에 있는 것
>
> 우리가 알 수 있는 것들 중 대부분은 어느 때와 어느 장소 안에 있기 마련입니다. 그런데 우리가 알 수 있는 것들 가운데 어떤 것들은 어느 때, 어느 장소를 넘어서 생각될 수 있는 것들도 있습니다.
>
> 다음의 것들을 ① '때와 장소 안에 있다고 생각되는 것'과 ② '때와 장소를 넘어서 있는 것'으로 나누어 보고, 각각 이유를 말해 봅시다.

❶ 불꽃 (   )

　이유:

❷ 그림자 (   )

　이유:

❸ 사이렌 소리 (   )

　이유:

❹ 생각 (   )

　이유:

❺ 무지개 (   )

　이유:

❻ 추위 (   )

　이유:

❼ 더위 (   )

　이유:

❽ 북극 (   )

　이유:

❾ 유령 (   )

　이유:

❿ 산타클로스 할아버지 (   )

　이유:

⓫ 아름다움 그 자체 (   )

　이유:

⓬ 보이는 세계를 넘어선 생각 (   )

　이유:

증거는 조금, 결론은 모두?

노마는 한참 동안 얼음 찜질을 하고 나니, 욱신거리던 발목의 통증이 조금 가라앉는 것 같았다.

"그러게 엄마가 뭐라디, 계단을 내려갈 때는 항상 조심하랬지."

노마는 할 말이 없었다. 지하도에서 계단을 한꺼번에 세 칸씩 내려 뛰다가 발목이 접질린 건 순전히 자기 탓이니까.

"거, 수박 참 잘 익었구먼. 그런데 여보, 저 아래 과일 가게 주인 아저씨 있잖소. 그이가 말을 어찌나 느릿느릿 하던지."

수박 한 조각을 다 드신 아버지께서 갑자기 딴 소릴 하셨다.

"그분, 아마 충청도 분일걸요."

"맞아, 충청도 말씨더군. 역시 충청도 사람들은 말이 느려."

"옆집 쌀가게 아저씨와는 정반대예요. 그 아저씬 얼마나 말을 술술 잘 하시는지. 그분이 아마 교회 집사님이라는 것 같던데요."

"그랬구나. 교회 다니시는 분들은 하나같이 말씀들을 잘 하셔."
두 분 말씀을 가만히 듣기만 하던 노마가 불쑥 한마디 했다.
"아빠, 이상해요."
"뭐가?"
"과일 가게 아저씨도 교회 다니신다고요. 그럼 그 아저씨는 충청도 분이시니까 말을 느리게 할지 모르지만, 교회에 다니시니까 또 말을 술술 잘 하셔야 맞잖아요."
"그러니? 그거야 뭐……."
아버지는 그냥 우물쭈물 넘기셨다.
"그런데 노마야, 얼마 전에 새로 이사 온 이발소 집 아이가 너랑 같은 반이라며?"
"네, 저와 같은 분단에 앉아요."
"그런데 그 애, 참 똘똘하고 야무지더라. 머리도 아주 곱슬곱슬한 게……."
"머리가 곱슬곱슬하면 야무진가요?"
"그렇지!"
"거 이상한데요. 전에, 엄마가 키가 큰 사람은 싱겁다고 하셨거든요. 걔는 머리는 곱슬곱슬하지만, 키가 우리 반에

97

서 제일 커요. 그러면 싱거워야 할 텐데, 곱슬머리라서 야무지다니……"

노마의 말에 아버지께서 껄껄 웃으시며,

"맞다. 노마가 중요한 걸 발견했어. 엄마, 아빠 말에 숨어 있는 잘못을 말이다. 뭐냐 하면, 자기가 겪어 본 한두 가지 경험만 갖고서 마치 전부가 이렇거나 저런 것처럼 얘기하는 것은 아주 위험하다는 거지. 예를 들면 아까 얘기처럼 한두 명의 충청도 사람이나 곱슬머리인 사람을 만나 보고, 모든 '충청도 사람이나 곱슬머리인 사람은 이렇다.'라고 결론을 내려선 안 된다는 거야. 빨간색의 사과를 수없이 많이 보았다고 하더라도 '모든 사과는 빨갛다.'라고는 할 수 없는 거 아니겠니?"

노마는 고개를 끄덕였다. 그러면서 한편으론, 어제 혜숙이한테 여자들은 하나같이 수다스럽다고 말했던 것이 떠올라 부끄러운 마음이 들었다.

"아빠 그렇다고 해서 모든 사과를 다 보거나 곱슬머리인 사람을 다 만나 볼 수는 없잖아요."

"그야 그렇지. 그렇기 때문에 더욱더 아까처럼

몇 가지 경우에서 얻은 증거나 경험을 갖고 '모든 ~은 어떠어떠하다.'는 식의 성급한 결론을 내려서는 안 된다는 거야. 그러니 노마야, 우리는 항상 결론을 천천히 내리도록 노력해야 하고, 또 그렇게 내린 결론이 잘못된 것을 발견하면 고집 부리지 말고 얼른 고치도

록 노력해야 마땅하지."

노마는 앞으로 모든 일에 성급하게 굴지 않고 침착하게 행동하겠다고 마음먹었다.

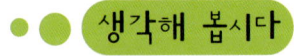

구슬이 많이 들어 있는 주머니 속에서 몇 개 꺼내 본 것이 파란색 구슬이었다고 주머니 속에 들어 있는 구슬이 모두 파란색이라고 할 수 있을까요?
이런 경우는 일일이 모두를 헤아려 본 후에 결론을 내릴 수 있겠지요. 그러나 문제는 우리가 경험을 통해 정보를 얻어 낸다고 했을 때, 모든 자료를 일일이 다 조사하여 결론을 내릴 수 있는 경우는 많지 않다는 것입니다. 예를 들면 "바닷물은 짜다."라는 결론을 내리기 위해 지구상의 모든 지역의 바닷물을 일일이 다 조사할 수는 없다는 것이지요.
일일이 모든 증거를 조사하고 결론을 내리는 경우와 표본을 뽑아서 그것으로 결론을 내려도 좋은 경우가 어떤 경우인지 함께 이야기해 봅시다.

100

주제: 관찰과 판단

왼쪽과 같은 사실과 관계가 있는 항목을 오른쪽에서 찾아 ( ) 안에 기호로 써 보세요.

❶ 무지개 (   )　　　　　　　　가. 길가에 과자 부스러기가 있다.

❷ 도로 위의 타이어 자국 (   )　　나. 소방차가 달려온다.

❸ 길가의 비둘기 떼 (   )　　　　다. 트럭이 급정거했다.

❹ 점점 커지는 사이렌 소리 (   )　라. 소나기가 내린 후 해가 나타났다.

다음과 같은 추리에는 문제가 있습니다. 어린이 여러분 스스로 그 문제점을 생각해 보세요.

❶ 지금까지 보아 온 고니는 모두 흰색이었다. 그러므로 모든 고니는 흰색이다.

❷ 지금까지 보아 온 까마귀는 모두 검은색이었다. 그러므로 모든 까마귀는 검은색이다.

❸ 지금까지 해는 동쪽에서 떠올랐다. 그러므로 앞으로도 해는 영원히 동쪽에서 뜰 것이다.

바른 말 바른 생각

　노마는 학교에서 돌아오자마자 거울 앞으로 갔다. 그리고 의젓하게 서서 이마에 흘러내린 머리칼을 슬쩍 뒤로 젖혀 보았다.
　엄마나 아빠는 항상 노마의 이마가 시원해 보인다고 말씀하시지만 학교에 가면 아이들이 놀려 대니 거울을 볼수록 자신의 모습이 싫어졌다. 그러나 오늘, 선생님께서 하신 말씀을 생각해 보니 괜찮은 것도 같았다.
　학교에서의 일이었다. 반 아이들은 현수를 노마의 천적이라고 한다. 그런데 천적인 현수가 오늘은 무슨 맘을 먹었는지 애들에게 큰 소리로 노마의 흉을 보고 있었다.
　"야, 얘들아, 노마 머리 좀 봐! 노마는 애늙은이야. 벌써 대머리가 되려고 이마가 시원하잖아!"
　그러자 반 아이들의 모든 시선이 노마에게로 쏠렸다. 그 말을 듣고 얼굴이 벌개진 노마는 현수도 뭔가로 놀려 줘야겠다는 생각이 들어 큰 소리로 말했다.

"야, 미역국. 너 정말 그럴 거야. 미역같이 생긴 놈이, 왜 그래?"

"하하하."

아이들은 둘을 번갈아 쳐다보며 '오늘도 외나무다리에서 또 만났구나.' 하면서 즐거워했다. 이때 선생님께서 들어오셨다.

"왜 이렇게 시끄럽니?"

"현수가 저보고 대머리라고 놀리잖아요."

"노마는 저보고 미역이라고 했어요."

"하하, 원 녀석들도……."

선생님은 가까스로 나오는 웃음을 참으시는 표정이었다.

"그러나 현수나 노마가 한 말 중에 우리들이 배워야 할 좋은 소재가 들어 있구나."

벌써 아이들은 이번 시간이 재미있는 토론 시간이 된다는 것을 알아차렸다는 듯한 눈치들이었다.

"먼저, 현수가 노마더러 대머리라고 놀렸는데 엄밀히 말하면 그건 부정확한 표현이란다. 그런 걸 모호한 표현이라고 하지."

"모호하다니요. 그게 무슨 말인가요?"

순돌이가 물었다.

"모호하다는 말은 그 낱말이 어디까지 적용되는지 뚜렷이 가늠할 수 없을 때의 표현을 말한단다."

"대머리란 머리카락이 어느 만큼 빠져야 그렇게 부를 수 있는지,

그 기준이 없다는 것이지요?"
현수가 노마를 쳐다보며 말했다.
"바로 아는구나. 그러니 현수, 너는 노마를 대머리라고 부른 것이 틀린 표현이라는 걸 알겠니?"
"선생님, 그럼 이 경우는 어때요? 우리가 물속에 손을 넣고 '따스하다'라고 말할 때, 물의 온도가 정확히 어느 정도일 때 따스하다고 말할 수 있는지 잘 모르니, 그것 역시 모호하다고 할 수 있는 거죠?"
"맞다, 맞아. 그럼 어디 모호한 말들을 더 찾아볼까?"
"덩어리."
"민주주의."
"부유함."
"……."
"자, 그만! 이번에는 미역국에 대해서 알아보자. 현수의 별명이 미역국이라고 했지? 우리가 '미역국 먹었니?' 하고 물을 때 미역국은 우리가 먹는 음식을 가리키기도 하고, 시험에서 떨어질 때 '미역국 먹었다.'라고 쓰이기도 하잖니. 그것처럼 한 문장에서 어떤 낱말이 두 가지 의미를 나타낼 때 모호하다고 말한단다. 자, 그럼 누가 한번 이와 같은 예를 들어 볼까?"
반장인 병태가 일어섰다.
"'그 사람은 발이 넓은가 봐!'라고 할 때 '발이 넓다.'란 표현은 우리 몸의 일부인 발이 넓은 것과 여기저기 아는 사람이 많을 때 두

가지로 쓰입니다."

이번에는 나리가 일어섰다.

"'머리를 좀 식혀라.' 하고 말할 때 그것은 더위를 덜 느끼게 하라는 것과 마음을 가라앉히라는 두 가지 뜻을 가진 모호한 말이 됩니다."

"모두들 잘들 아는구나."

선생님은 빙그레 웃으셨다.

"선생님! 그렇지만 이제껏 아리송하거나 모호한 말을 써도 큰 문제는 없었어요. 그러니까 대충 말을 해도 될 것 같습니다."

그러자 병태가 벌떡 일어나 반박했다.

"어정쩡한 말 한 마디 때문에 오해가 생겨 크게 싸우는 경우를 많이 보았습니다. 그러니 말을 할 때도 잘 골라서 해야 합니다."

"그렇습니다. '말 한 마디에 천 냥 빚도 갚는다.'고 했습니다."

하고 봉구가 맞장구를 쳤다. 그러자 이번엔 나리가 나섰다.

"그러고 보니까 숱하게 많은 오해들이 모호하고 애매한 말 때문에 생긴 것 같습니다. 그러니 정확하고 신중한 표현은, 대화를 하는 데 쓸데없는 오해를 없앨 수도 있고, 바른 결정을 내릴 수도 있게 해 줍니다."

이번에는 노마가 일어섰다.

"나리의 말처럼 올바르고 정확한 말의 사용은 쓸데없는 오해를 없애고 남과 사이 좋게 살 수 있게 만들어 줍니다. 반면에 애매 모호한 표현도 가끔 우리 생활에 즐거움과 윤기를 더해 줄 때가 있습니다. 예를 들면 수수께끼 놀이를 할 때나 동화책을 읽을 때, 정확한 말보다 약간 모호한 표현들이 우리를 즐겁게 합니다."
그러자 선생님께서 큰기침을 한 번 하시고는 이렇게 말씀하셨다.
"노마의 이야기는 지금까지 오간 이야기들을 모두 꼬집어 말한 것처럼 들리는구나. 벌써 시간이 다 되었다. 자, 그럼 내일 사회 시간에는 '배'에 대해서 배우도록 하자."
"선생님, 방금 말씀하신 '배'도 모호한 표현 아닌가요?"
"하하하."

생각해 봅시다

모호하다는 것은 한 낱말이 여러 의미로 사용되어 그 낱말이 어디까지 적용되어야 하는지 뚜렷하게 가늠할 수 없는 표현을 말합니다. 예를 들어 대머리 아저씨를 보고 머리의 어디서부터 어디까지 벗겨져야 대머리라고 말할 수 있을까 하는 것과 같은 경우겠지요.
여러분은 이처럼 모호한 말을 사용해서 혼란에 빠진 적은 없었나요?

주제: 잘못 사용한 삼단 추리

다음과 같은 추리는 맞는 추리일까요?

① "원수를 사랑하라."는 말이 있다.

동수는 나에게 나쁜 짓을 하지 않았으므로 원수가 아니다.

따라서 나는 동수를 사랑할 수 없다.

② 저 건물은 높다.

저 산은 낮다.

따라서 저 건물이 저 산보다 높다.

③ 어떤 사람도 충고는 좋아하지 않는다.

돈은 모든 사람이 좋아한다.

따라서 돈이 충고보다 좋은 것이다.

④ 무소식이 희소식이다.

병태는 소식이 없다.

따라서 병태의 소식은 희소식이다.

4. 함께 사는 지혜 찾기

4장에서는 공동 생활을 하는 가운데 부딪치는 의견의 대립이나 갈등, 고민과 우정의 문제를 풀기 위한 지혜를 찾는 노력을 보여 주고 있습니다. 혼자 생각하고 진리를 발견하는 것 못지않게 중요한 것은, 다른 사람들과 함께 행복하고 보람 있는 삶을 살아가는 사회성을 배우는 일입니다.

함께 살아가기 위해 지혜를 찾는 철학은 어린이들이 보다 행복하고 의미 있는 삶을 살아가는 데 있어 든든한 밑거름이 될 것입니다.

타협과 설득

저녁 무렵이었다. 노마와 기오는 마루에서 텔레비전을 보고 있었다. 오늘따라 아버지께서 일찍 들어오셨다.

"아 참, 오늘 야구 중계가 있지!"

아버지는 그렇게 말씀하시면서 텔레비전 채널을 갑자기 바꾸셨다. 노마와 기오는 만화 영화를 보다가 그만 넋을 잃고 멍하니 앉아 있을 수밖에 없었다. 바로 이때부터 심각한 일이 벌어지기 시작했다.

"으앙! 난 야구 안 볼래. 내가 보던 거 볼 거야!"

기오가 마룻바닥에 드러누워 발을 구르며 떼를 쓰기 시작했다. 노마는 말없이 천장만 쳐다보고 있었다. 그러자 부엌에 계시던 어머니께서 달려나오셨다.

"아니, 애들이 또 싸웠구나. 노마, 네가 그랬지?"

그러자 때를 만났다는 듯이 기오가 더 심하게 고집을 부렸다. 기오

의 머리를 쓰다듬으며 달래 주시던 어머니는 이내 노마와 기오가 싸운 것이 아니라는 사실을 깨달으셨다.

아버지는 난처한 표정으로 말씀하셨다.

"야, 이거, 모처럼 일찍 집에 들어와 야구 중계 좀 보려고 했는데 그것조차 마음대로 안 되는구나."

그러자 어머니께서 아버지 편을 드셨다.

"얘들아, 아빠한테 양보를 해야지. 그렇게 하면 쓰니? 아빠는 늘 회사에서 피곤하게 일을 하고 계시다는 걸 너희들도 잘 알고 있잖니? 그리고 참, 너희들 숙제할 시간이다. 저녁 먹기 전에 어서 숙제를 해야지."

아무 말 없이 멀뚱멀뚱 천장만 바라보던 노마가 침착하게 말을 하기 시작했다.

"아빠한테 양보를 해야 한다는 것이나 숙제를 해야 한다는 것도 다 옳은 말씀이에요. 그렇지만 둘이서 재미있게 어린이 프로그램을 보고 있는데 아빠 마음대로 갑자기 채널을 다른 데로 돌려 버리신 것은 이해할 수 없어요. 그렇다고 우리가 아빠보고 야구 중계를 보시지 말라는 건 아니에요."

기오는 눈빛을 반짝이며 노마가 하는 얘기를 귀기울여 듣고 있었다. 노마가 하는 말을 듣고 계시던 어머니와 아버지는 서로를 힐끗 쳐다보셨다. 그러시더니 무언가 골똘히 생각에 잠기시는 것 같았다.

잠시 동안 아무도 말하는 사람이 없었고, 텔레비전에서 나오는 야구 중계 소리만 고요한 집 안을 뒤흔들고 있었다. 그러다가 어머니께서 조용히 텔레비전을 끄셨다.

"이 일은, 그냥 넘어갈 문제가 아닌 것 같아요. 생각해 보니까 이런 일이 처음 있는 게 아니라고요. 그 동안 집안 식구들끼리 서로 자기가 좋아하는 프로그램을 보겠다고 고집을 부려서 기분을 상하게 했던 때가 많이 있었어요. 그러니 아주 잘된 일이에요. 지금 이 문제를 가지고 가족 회의를 여는 게 좋겠어요. 참! 조금만 기다리세요."

어머니께서는 곧장 부엌으로 나가시더니 과일을 내오셨다.

"기오야, 너 매일 울어라. 사과 좀 먹게."

노마의 말에 한바탕 웃음소리가 터졌다. 그제야 분위기가 밝아지기 시작했다. 먼저 아버지께서 말씀하셨다.

"우선, 너희들에게 미안하다는 말을 하고 싶구나. 너희들이 한참 재미있게 보고 있는데 채널을 다른 데로 돌려 버렸으니 아빠가 얼마나 미웠겠니?"

이어서 노마가 입을 열었다.

"문제는 우리 식구들이 각자 서로 다른 것을 보려고 하는 데 있어요. 저희들은 어린이 프로그램을 좋아하고 엄마는 연속극, 아빠는 뉴스나 스포츠 중계를 좋아하세요. 그런데 우리가 어린이 프로그램을 볼 때면 엄마, 아빠는 채널을 마구 다른 데로 돌려 버렸잖아요."
"형 말이 맞아. 엄마는 늘 '얘, 어서 숙제를 해야지.' '얘, 밤이 깊었으니 이제는 잠을 자야지.' 하시면서 늘 텔레비전을 못 보게 했잖아요. 그렇지, 형?"
기오도 사과를 입에 넣고 우물거리면서 한마디 했다. 그러자 엄마도 아빠를 바라보면서 말을 꺼내셨다.
"여보, 이러면 어떻겠어요? 어린이 프로그램이 나오는 시간에는 우리가 보고 싶은 게 있더라도 일단 애들에게 양보를 해 줍시다. 단, 제가 연속극을 볼 때 당신이 보시고 싶은 것과 겹치면 그땐 타협을 하자고요."
"잠깐! 어린이 프로그램 시간에는 어떻게 하시겠다고요?"
노마가 물었다.
"그야, 너희들에게 무조건 양보한다고 했지 않았니?"
엄마가 말씀하시자 기오가 싱글벙글 웃으며 말했다.
"헤헤, 이젠 됐다. 지금부턴 나보고 '숙제해라.', '잠자라.'고 안 그러시겠지? 그렇지, 형?"
기오의 뒤를 이어 노마가 나섰다.
"잠깐! 저희들에게 무조건 양보하신다고요? 그건 옳지 않아요. 제 생각으로는 어린이 프로그램과 엄마, 아빠께서 보고 싶으신 프로그램이 겹치면 그때도 타협하는 게 좋겠어요. 전, 이 점을 분명히 말씀드리고 싶어요!"
그러자 아버지께서 웃음 띤 얼굴로 말씀하셨다.

"허허, 이거 나만 손해 보는 줄 알았는데, 노마가 그렇게 나온다면 더 이상 할 말이 없구나. 좋다, 좋아! 대찬성이다."

"아빠, 그렇게 좋아하실 것까지는 없을걸요. 저희들이 아빠한테 양보해 드리겠다고 한 것이 아니라 어디까지나 타협을 하겠다고 한 것뿐이니까요."

노마가 여유 있는 목소리로 말을 하자 기오도 나섰다.

"형! 그럼 앞으로는 내가 떼를 써도 안 되는 거야?"

"그야 물론이지. 다른 때는 몰라도 타협을 할 때는 그런 것은 통하질 않아. 그땐 적당한 이유와 근거를 가지고 상대방을 설득할 수 있는 사람이 이기는 거야. 떼를 쓰거나 윽박질러서는 절대로 안 돼. 내 말 알겠지?"

생각해 봅시다

여러 사람이 함께 모여 사는 사회에서는 타협과 양보가 필요할 때가 많습니다. 본문에서 아빠가 원하는 대로 채널을 돌려 버리거나, 엄마가 일방적으로 노마와 동생에게 양보하겠다고 했을 때 노마가 반대하고 나선 이유를 생각해 봅시다.

기오는 엄마의 양보에 좋다고 맞장구를 쳤지만, 노마는 어째서 올바르지 않다고 생각했을까요? 노마가 무엇을 염두에 두고 있었는지 생각해 봅시다.

주제: 타협

여러분은 다음과 같은 경우에 어떻게 해결하겠습니까? 그 방법을 말해 봅시다.

함께 철학하기

1. 광주리에 16개의 사과가 있다. 12명이 공평하게 먹으려면 어떻게 해야 될까?
2. 동생과 함께 텔레비전을 보고 있는데, 친구 두 명이 놀러 와서 다른 프로그램을 보자고 했다. 어떻게 하는 것이 좋을까?
3. 아버지께서 지금 곧 담배를 사 오라고 하셨는데, 그때 나는 라디오를 들으며 방송 기록장에 숙제를 하고 있었다. 심부름을 해야 할까? 계속해서 숙제를 해야 할까?
4. 축구 시합을 하고 있는 도중에 폭우가 쏟아져서 더 이상 경기를 할 수 없게 되었다. 그 동안의 득점은 2 : 1이었다. 어떻게 승부를 가려야 할까?

진짜 좋은 것

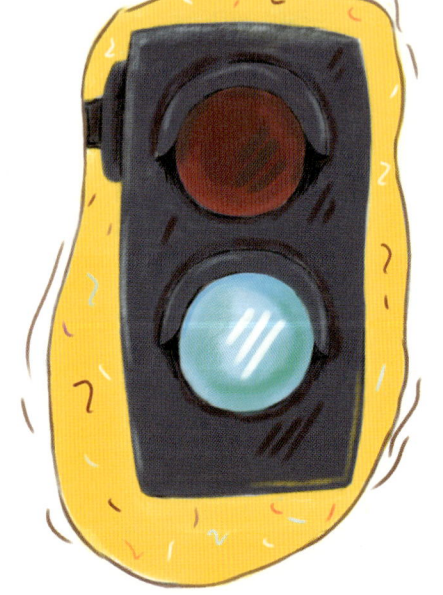

노마는 오늘 아침 건널목에서 사고를 당하는 줄 알았다. 건널목의 신호등이 보행 신호로 바뀌어 안심하고 건너가는데, 버스가 신호를 무시하고 달려들었다. 다행히 사고는 면했지만 분하고 어이가 없어 온종일 공부가 안 되고, 집에 와서도 우울하기만 했다.

"노마야, 얼굴빛이 왜 그러니? 무슨 걱정이라도 있니?"

어머니께서 걱정스러운 얼굴로 조심스럽게 물어보셨다.

"아침에 건널목을 건너다 죽을 뻔했어요. 두 번 다시 엄마를 못 보는 줄 알았어요."

"거긴 신호등이 없었니?"

"있으면 뭘 해요? 차들이 서는 듯싶더니 그냥 달려들던 걸요? 그런데 엄마, 어른들은 왜 규칙을 잘 지키지 않지요? 무슨 까닭이라도 있나요?"

"까닭은 무슨 까닭? 잘은 모르지만 규칙을 어기는 것이 더 좋을지 모른다고 생각하기 때문이 아니겠니? 조금이라도 더 빨리 지나가야 좋겠다는 생각 말이다."

"그렇지만 엄마, 규칙을 정한 것은 그것을 지키는 게 더 편리하고 좋기 때문이 아녜요? 그런데 그걸 무시하는 게 더 좋겠다는 건 무슨 말씀이에요?"

노마의 날카로운 질문에 엄마도 알쏭달쏭해진 모양이었다.

"그렇지만 노마야, 그런 사람들이 있는 건 사실 아니겠니? 규칙을 어기는 게 더 좋을지 모른다고 생각하는 사람들 말이다."

"그건 그래요. 그렇지만 신호등이 바뀌지도 않았는데 조금 빨리 간다고 해서 그게 정말 좋은 일이 될 수 있을까요?"

"그런 생각을 하니까 그런 짓을 하는 사람도 있는 게 아니겠니?"

이때 노마의 머릿속으로 달려오는 생각이 있었다.

"엄마! '모두에게 좋은 것' 과 '각자에게

좋은 것'은 다르다고요! '모두에게 좋은 것'은 언제든 누구에게나 좋아야 하니까요."

"노마야, 그러면 '각자에게 좋은 것'만 원하는 게 문제라는 거니?"

"그렇고말고요. 바로 그것 때문에 온갖 잘못이 생기는 게 틀림없어요. 도둑놈도, 도둑질이 나쁘긴 해도 그것이 자기에겐 '좋은 것'이란 생각에서 도둑질을 할 테니까요."

"노마야, 정말 장하구나. 엄마도 이제야 분명해지는 것 같다. '모두에게 참으로 좋은 것'을 알고 그렇게 살려고 한다면 얼마나 좋겠니? 반대로 누구든지 '자기에게 좋은 것'에만 얽매여 살려고 한다면 아마도 세상은 뒤죽박죽이 되고 말겠지."

노마도 고개를 끄덕이며 말했다.

"엄마, 저 역시 이제야 알 듯해요. 무엇을 좇아서 어떻게 살아가야 할지를 말이에요. 결국 모든 사람이 '모두에게 좋은 것'으로 돌아가야 하겠어요."

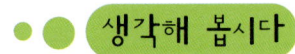

노마가 엄마에게 묻고 있는 질문들을 살펴보세요.
규칙은 편리함을 위해서 만들어진 것인데 어떤 때는 그것이 불편해 보이기도 합니다. 편하기 위해 만든 규칙이 오히려 불편하다면 그것이 무슨 소용이 있을까요? 각자에게 편한 것과 모두에게 편한 것이 서로 다른 것처럼 보이는 까닭은 무엇일까요?

주제: 규칙 만들기

① 학급에서 반장, 부반장, 분단장을 뽑을 때 있어야 할 가장 훌륭한 규칙을 만들어 봅시다.

② 학급 회의를 잘 진행하기 위해서 지켜야 할 규칙을 다섯 가지만 만들어 봅시다.

③ 이름난 산이나 바닷가를 가 보면 엄청나게 많은 쓰레기가 널려 있습니다. 우리의 아름다운 산이나 바닷가를 보호하기 위해서 누구나 지켜야 할 규칙을 만들어 봅시다.

④ 우리들이 지켜야 할 규칙 가운데 잘 지켜지지 않는 규칙들을 찾아보고, 왜 그것들이 잘 지켜지지 않는지 까닭을 말해 봅시다.

모두에게 필요한 것부터 사요!

밥상 앞에 앉은 기오의 얼굴이 유난히 뾰로통해 보였다. 노마가 어머니에게 물었다.
"엄마, 오늘따라 얘가 왜 이래요?"
"글쎄, 인라인 스케이트 안 사 준다고 저 모양이란다."
"엄마가 사 준다고 약속했잖아!"
기오가 울먹일 듯 소리쳤다.
"약속을 안 지킨 것은 미안하지만, 어쩌겠니? 이달에는 김장을 해야 되기 때문에 돈이 여유가 없는걸."
"그럼, 형 책상은 왜 사 줘?"
그제야 노마는 기오가 자기가 바라던 것은 안 사 주고 노마가 바라는 것만 사 줬기 때문에 화를 내고 있다는 걸 알았다.
"그건 이다음에 너도 쓸 수 있는 거니까 사 주는 거지."

"몰라! 난 이다음에도 그 책상 안 쓸 거야."
노마는 기오가 너무한다 싶어서 화가 나기 시작했다.
"야, 책상 사 주시겠다고 약속하신 건 네 것 사 주시기로 한 것보다 훨씬 전이야. 작년부터 사 주시기로 한 거야. 그러니까 순서에 따라 책상부터 사는 게 맞지 뭐."
엄마는 가만히 두었다간 형제가 싸움이라도 벌일 것 같아서 이야기를 딴 데로 돌리셨다.
"가만 있어 봐라. 엄마가 재미있는 이야기 하나 해 줄게. 옛날에 여우와 토끼가 서로 이웃하고 살았는데 말야, 어느 날 토끼가 지나가는 걸 보고 여우가 말했어.

여우 : 토끼야, 뭐 하니?
토끼 : 응, 나 지금 겨울이 오면 먹으려고 도토리를 운반하고 있어.
여우 : 바쁘겠구나. 나도 겨울에 추울까 봐 집에다 짚을 깔고 있어. 그런데 토끼야, 우리 서로 협동해서 하는 게 어떻겠니? 그럼 내가 맛있는 걸 대접해 줄게.
토끼 : 좋아, 나도 네가 도와주면 맛있는 걸 줄게.
여우 : 그럼 내가 먼저 널 도와줄게.

그래서 둘은 서로 도와 가며 쉽게 일을 끝냈단다. 그러고 나서 서로 약속대로 맛있는 걸 준비했지. 그런데, 문제가 생긴 거야.

여우 : 자, 이건 내가 즐겨 먹는 닭고기야. 먹어 봐.

토끼 : 아유, 난 고기를 못 먹어. 이건 내가 아껴 먹는 풀잎이야. 너도 한번 먹어 봐.

여우 : 내가 어떻게 풀잎을 먹니?

토끼 : 그럼 어쩌지? 우리 둘이 함께 잘 먹는 건 없을까?

여우 : 우리 한번 나가서 찾아보자.

그래서 둘은 함께 나가 찾아봤지만, 둘 다 좋아하는 음식을 찾을 수는 없었단다. 너희들은 여우와 토끼의 마음이 어땠을 거라고 생각

하니?"
"저는 무척 슬펐을 거 같아요. 그렇지만 서로가 좋아하는 것을 못 찾았다고 해도 협동을 했으니까, 그것만으로 즐거웠을지 모르고요."
"맞아, 자기에게 좋은 것만 고집했다면 여우와 토끼는 왜 약속을 안 지키느냐고 싸웠을 거야. 그런데 너는 어떠니?"
기오는 아무 말이 없었다. 이때 노마가 말했다.
"엄마, 우리 둘한테 함께 필요한 것도 좋지만 엄마, 아빠를 포함해서 우리 네 식구 모두에게 필요한 것을 사면 어떨까요?"
"글쎄, 그런 게 어떤 걸까?"

그때 아무 말이 없던 기오가 피식 웃으며 말했다.
"엄마 있어! 전기장판! 그러면 모두 따뜻해지잖아."
두 형제는 어느새 밝은 표정을 짓고 있었다.

생각해 봅시다

세상 사람들이 각자 자기에게 좋은 것만을 고집하거나 반대로 남이 좋아하는 것만을 따른다면 어떤 일이 일어날까요? 여러분도 형제끼리 서로 싸움을 할 때 자기 욕심부터 앞세우며 억지를 부리는 일은 없는지요? 자기 입장만 내세우면 싸움만 일어날 뿐이고, 남의 입장만 따르려고 한다면 게을러지고 발전이 없을 것입니다.

> ### 주제: 내게 필요한 것
>
> 사람이 살아가는 데는 여러 가지 필요한 것이 있습니다. 나의 경우에 해당하는 것을 보기에서 고른 후, 그 이유를 적어 보세요.
>
> 보기 : ① 꼭 필요하다 ② 어느 정도 필요하다 ③ 필요 없다

함께 철학하기

❶ 만화책 (　)

　이유 :

❷ 텔레비전 (　)

　이유 :

❸ 무지개 (　)

　이유 :

❹ 철학 동화책 (　)

　이유 :

❺ 코브라 (　)

　이유 :

❻ 여자 친구(남자 친구)

　이유 :

❼ 극장 (　)

　이유 :

❽ 칭찬 (　)

　이유 :

❾ 하느님 (　)

　이유 :

❿ 몽당연필 (　)

　이유 :

피차 마찬가지

둘째 시간이 끝나고 쉬는 시간이었다. 추워서 그런지 반 아이들은 교실 여기저기에 옹기종기 모여 떠들고 있었다.

갑자기 교실 문 앞에서 소동이 일어났다. 나리가 고함을 치면서 철이의 뺨을 세차게 때리는 소리가 났다. 모두 구경거리를 만난 듯 그 쪽으로 몰려갔다. 선생님께서는 나리와 철이를 부르셨다.

"무슨 일이니? 어찌 된 일이니?"

"철이가 발을 걸었어요. 흑흑……."

"아니에요. 나리가 그냥 발에 걸려 넘어졌어요. 그런데 저를 때리잖아요."

"네가 발을 걸었잖니?"

"날 그렇게 보지 마. 정 그러면 진짜 발을 걸어 버릴 수도 있어."

선생님께서 안타까운 듯이 말씀하셨다.

"애들아, 나리와 철이는 분한 감정에서 벗어나지를 못하고 있다. 마음을 가라앉힐 때까지 이 문제에 대해 말해 보자."
먼저 노마가 손을 들었다.
"철이의 발이 아니라 돌에 걸려 넘어졌어도 나리는 돌을 때렸을까요?"
"발과 돌은 다릅니다. 나리는 철이가 일부러 발을 걸려고 한 마음이 있었기 때문에 때린 것이 아닐까요?"
영주가 대꾸했다.
"철이는 발을 건 적이 없다고 하니까, 나리가 그냥 뺨을 때렸다고 해야 됩니다."
상태가 '때린 것'을 가지고 말했다.
"문제는, 철이에게 나리를 넘어지게 할 마음이 있었느냐 없었느냐에 달려 있는 것 같습니다. 이것이 밝혀지지 않으면 끝이 안 납니다."
병수가 '마음'을 갖고 문제를 거론했다.
"저는 다릅니다. 거기 그냥 철이가 서 있었다는 것도 잘못일 수 있습니다. 넘어뜨릴 마음이 있었느냐 없었느냐는 알 수 없지만 철이가 그곳에 서 있었다는 것과 나리가 다리에 걸려 넘어진 것은 분명하니까요."
나리의 짝인 숙희가 '분명한 것'을 가지고 그럴 듯하게 말했다.
"그건 지나칩니다. 서 있기만 해도 잘못이 된다면, 그래서 뺨을 맞아야 한다면 불안해서 학교에 어떻게 옵니까?"
"그래요. 그러다간 모두가 때리고 맞다가 정신을 못 차릴지도 모릅니다."

숙희의 말에 여러 아이들이 두 손을 들고 벌떼처럼 일어났는데, 이때까지 가만히 앉아만 있던 현수가 일어서며 말했다.

"왜 그렇게만 생각합니까? 철이가 그곳에 서 있었다는 게 잘못이라면, 나리가 그곳을 지나간 것도 마찬가지로 잘못이 됩니다. 그렇게 생각하면 서로가 상대방을 크게 탓할 수 없게 되고, 지나친 싸움 같은 것도 결코 일어날 수가 없는 것 아니겠습니까?"

"참 멋있고 재미있는 이야기가 나왔구나. 나쁜 마음 없이 그냥 서 있기만 한 것도 잘못이 될 수 있다? 그러다 보면 서로가 똑같이 잘못일 수밖에 없다? 결국 아무도 남을 탓할 수 없다? 잘못은 피차 마찬가지다?"

선생님께서 말씀하시자 모두 눈이 휘둥그레지기 시작했고, 나리와 철이의 머리는 점점 책상 밑으로 숙여졌다.

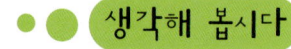

생각해 봅시다

현수는 철이나 나리가 서로 상대방을 탓할 수 없다고 하였는데 왜 그런 말을 했는지 살펴봅시다.

친구나 형제들과 싸우게 될 때 우리는 서로 상대편의 잘못으로 돌리며 원망하고 눈을 흘깁니다. 그러나 손바닥도 마주쳐야 소리가 나듯이 언제나 잘못은 당사자들 모두에게 있습니다. 그러니 누구의 책임이라고 돌리기만 하지 말고 서로서로 이해하는 태도가 중요하다고 하겠습니다.

함께 철학하기

주제: 좋은 판단

다음과 같은 경우에 내린 판단이 좋은 것(O)인지 나쁜 것(×)인지를 가려 보고, 그 이유를 말해 봅시다.

경우

1. 나리가 철이 옆을 지나가다 넘어졌다.
2. 어떤 사람이 경찰에게 체포되었다.
3. 그 책은 매우 낡았다.
4. 노마와 나리는 화가 치밀었다.
5. 병태는 학급에서 키가 제일 크다.

내린 판단

1. 철이가 틀림없이 발을 걸었다. (   )
2. 그 사람은 틀림없이 나쁜 짓을 했을 것이다. (   )
3. 그 책은 아마 재미있을 것이다. (   )
4. 노마와 나리는 싸웠음에 틀림없다. (   )
5. 병태는 농구 선수임에 틀림없다. (   )

야구 심판

노마는 오늘 방과후에 운동장에서 야구 시합을 했다. 날씨가 조금 추웠지만 공을 치고 달리다 보니 추위 같은 것은 안중에도 없었다. 딱딱한 시합용 공은 위험하다고 해서 조금 물렁물렁한 테니스 공을 사용했다.

노마가 타석에 들어서서 방망이를 휘두를 때마다 공은 둔탁한 소리를 내며 바로 앞쪽에 떨어지기 일쑤였다. 반대로 유격수를 볼 때는 자기 앞으로 굴러오는 공을 어느 것 하나 쉽게 잡을 수가 없었다.

"내가 치는 공은 힘이 없어 보이고 남이 치는 공은 모두 센 것 같은데, 이건 내 기분일까 아니면 정말 그런 걸까? 남들도 내가 치는 공이 잡기 힘들다고 생각할까?"

이런 생각을 하며 시합을 하던 중 노마가 다시 타석에 들어서게 되었다. 두근거리는 가슴으로 방망이를 움켜잡고 잔뜩 투수를 노려보는데, 세 번째에 드디어 마음에 드는 공이 들어왔다. 힘껏 방망이를 안으로 끌어당기자 땅볼이 세차게 3루 쪽으로 굴러가는 것이었다. 노마는 있는 힘을 다해서 1루를 향해 달렸다.

가까스로 베이스를 밟는 것과 거의 동시에 1루수가 날아온 공을 잡았다. 그러자 1루심이 아웃을 선언했다. 노마는 분명 자기가 간발의 차로 먼저 베이스를 밟았다고 항의했지만 받아들여지지 않았다. 바로 그때, 같은 편인 병태와 정우가 다가와 자기들이 보기에도 노마가 조금 더 빨랐다고 말했다.

그러자 가만히 있던 상대편 아이들이 모두 몰려나와 노마의 발이 조금 늦었다고 우겨 대기 시작했다. 노마는 전혀 수긍할 수 없었지만 상대편 아이들 모두가 미친 듯이 아니라고 하는 데야 꼼짝할 수가 없었다. 한두 명이 여러 아이들에게 대항해서 잘잘못을 가린다는 것이 이렇게 힘든 줄은 정말 몰랐다.

노마가 하는 수 없이 승복하자 이내 노마네 편이 수비 위치로 들어갔다.

첫 번째 타자가 안타를 치고 1루로 나가 있었다. 이때 1루에 있던 주자가 2루로 도루를 하기 시작했는데 노마의 눈에는 분명 공이 조금 더 빨랐다. 이 사실은 2루 근처에 있던 유격수 노마가 누구보다 정확하게 볼 수 있었다. 2루심이 아웃을 선언하자 이번에도 도루를 한 아이는 물론 상대 팀 모두가 몰려와 고함을 지르며 분명 세이프라고 주장하기 시작했다.

분위기가 심상치 않자 주심이 부심들과 합의를 했는데, 결국 세이

프라고 선언하고 말았다. 조금 전에는 노마가 주자로서 정신 없이 달려 나갔기 때문에 스스로 잘못 생각했는지 모르지만, 이번만은 분명 두 눈으로 공이 조금 앞선 것을 볼 수 있었다. 그런데도 다수가 아우성을 치니까 하는 수 없이 주심도 세이프를 선언하고 말았을 거라는 생각이 들었다.

노마는 정말 알 수가 없었다. 옳고 그른 것은 분명 있을 텐데, 틀린 걸 가지고도 많은 사람이 힘을 합하여 자기들이 옳다고 주장할 때 소수는 도대체 어떻게 해야 한단 말인가? 더 많은 사람이 주장을 하면 틀린 것도 옳은 것으로 둔갑을 하고 만단 말인가?

노마는 이 문제를 가지고 철저히 따져 보아야겠다고 단단히 마음먹었다. 이런 일은 어디에서도 일어날 수 있기 때문이다.

생각해 봅시다

운동 경기에서 심판이 공정하지 않다면 경기가 이루어질 수 있을까요? 선수가 세이프인지 아웃인지 애매한 상황에 직면했을 때 우리편이면 무조건 세이프이고 상대편이면 무조건 아웃이라고, 자기편에 유리한 대로 우겨 버릴 때가 많습니다. 또, 공정한 심판이라고 해도 보는 위치에 따라 판정이 약간 다를 수 있을 겁니다.

자, 이런 점을 고려할 때 공정하게 게임을 진행하기 위해 어떻게 하면 좋을까요?

주제: 확신

우리 모두가 절대적으로 확신할 수 있는 게 있을까요?

보기 : ① 절대 확신 ② 확신 반 의심 반 ③ 많이 의심 ④ 완전 불확신

함께 철학하기

① 나는 잘생기고 똑똑하다. (   )

② 내 몸에 달려 있는 이 팔은 내 팔이다. (   )

③ 나는 지금 행복하다. (   )

④ 나는 여자(남자)다. (   )

⑤ 2+3=5 이다. (   )

⑥ 서기 2030년에는 지구가 멸망할 것이다. (   )

⑦ 내일 아침에도 해가 솟아오를 것이다. (   )

⑧ 나는 언젠가 죽게 될 것이다. (   )

⑨ 우리나라는 세계 제일의 나라가 될 것이다. (   )

우정이 담긴 카드 한 장

　노마는 지난 크리스마스 때 승호한테서 받은 카드를 또 꺼내 보았다. 승호가 자기를 싫어하는 줄만 알았던 노마에게는 이 카드가 뜻밖이었다.
　승호는 어린이 회의 시간에 노마가 무슨 의견을 낼 때마다 찬성할 때보다는 반대할 때가 훨씬 더 많았다. 지난번 겨울 방학 직전에 노마네 반을 대표해서 방학 중에 주 1회 학교 도서실 관리를 맡을 책임자를 뽑을 때도 그랬다.
　노마는 반에서 제일 책을 많이 읽고 독서를 좋아하는 나리를 추천했었다. 그런데 승호는 꼭 책을 많이 읽었다고 해서 도서실 관리를 맡을 만한 사람은 아니라고 하면서, 엉뚱하게도 평소에 정리 정돈을 잘 하고 매사에 꼼꼼한 현수가 더 알맞은 사람이라는 것이었다.
　그러나 노마에게는 억지로 갖다 붙인 이유로만 들렸다. 왜냐하면 평소 자기를 싫어하고 은근히 무시하기 때문에 자기의 의견을 반대한다고 생각한 것이다. 그런데 다른 아이들까지도 승호가 낸 의견에 찬성하는 바람에 결국 현수를 뽑기로 결정한 데는 할 말이 없었다.

'무슨 소리람. 뭐니뭐니해도 도서실을 맡을 사람은 독서를 좋아하는 사람이어야 할 게 아닌가!'

노마는 이렇게 속으로 투덜대면서 많은 사람들의 의견이, 적은 쪽의 의견보다 반드시 옳다고만은 할 수 없다고 생각했다. 그리고 승호가 자기를 싫어하는 것이 틀림없다고 다시 한 번 마음에 새겨 두었던 것이다.

그런데 다른 사람도 아닌 승호한테서, 그것도 '너의 벗'이라면서 우정이 듬뿍 담긴 카드를 받게 되었던 것이다.

'그럼 승호가 나를 싫어한 것이 아니었나?'

노마는 이렇게 생각해 보다가도, 그렇다면 왜 자기 의견에 사사건건 반대를 하고 이의를 달았는지 알 수가 없었다. 그러면서도 노마는 자신도 모르게 왠지 승호가 좋아지는 느낌이 들었다.

그런 마음으로 다시 한 번 승호와 의견이 달랐던 경우를 하나씩 되새겨 보았다. 그랬더니 놀랍게도 승호의 의견에도 일리가 있었고, 어떤 경우에는 자기의 의견보다 더 좋은 것도 있었던 것이었다.

생각해 보니 도서실 관리 책임자를 추천하는 일만 해도 승호 의견이 더 옳았던 것 같았다. 승호가 이의를 단 것이 자기 자신을 싫어하기 때문이라고 생각할 때는 몰랐었는데 그런 생각에서 벗어나고 보니 자신의 그릇됨을 깨닫게 된 것이었다.

노마는 승호에게 한없이 부끄럽고 미안한 생각이 들었다. 정작 누구를 싫어한 것은 승호 쪽이 아니라, 노마 자신이었던 것이다.

노마는 이제부터라도 누가 자기 의견에 반대했을 때 자기를 무시하거나 싫어한다고 생각하기에 앞서 우선 그 의견을 잘 듣고 옳은 점을 찾아보도록 애쓰리라고 굳게 다짐했다. 왜냐하면 노마는 누구를 좋아하고 싫어하는 것과 그 의견에 찬성하고 반대하는 것은 서로 다르다는 사실을 깨달았기 때문이었다.

노마는 곧바로 책상 앞으로 달려가 승호에게 편지를 쓰기 시작했다.

 생각해 봅시다

노마가 승호를 오해했던 까닭은 무엇이라고 생각하나요?
여러분은 싫어하는 친구의 말에 쌍심지를 켜고 반대하며 나섰던 적이 없습니까? 미운 감정 때문에 옳고 그름에 관계없이 친구를 비난하고 헐뜯은 적이 있다면 가만히 반성해 보세요.
냉정하게 이치를 따져서 비판하는 것과 감정적으로 헐뜯고 비난하는 것과의 차이를 생각해 보고 서로 이야기해 봅시다.

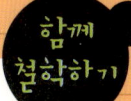

주제: 원하는 것과 행하는 것

1. 여러분은 원하는 것은 무엇이든지 가질 수 있다고 생각합니까?
2. 여러분은 원치 않는 일을 할 때가 있습니까? 있다면 예를 들어 봅시다.
3. 여러분은 하고 싶어하는 것이 무엇인지 어떻게 알 수 있습니까?
4. 배가 고프다고 느낄 때, 그것은 먹고 싶다는 뜻입니까?
5. 다른 사람이 갖고 있는 어떤 것을 갖기를 원할 때, 그것은 훔치고 싶다는 뜻입니까?
6. 사람들이 어떤 일을 하는 것은 그들이 원해서 하는 것이라고 생각합니까?
7. 만일 여러분이 가질 수 없는 것을 갖기 원한다면, 그것은 여러분이 그것을 원해서는 안 된다는 뜻입니까?
8. 지금 하고는 있지만 전혀 하고 싶지 않은 일이 있으면 말해 봅시다.

5. 이야기 속에서 본받기

5장에서는 바람직한 삶의 모습과 생각들을 떠올리게 하고 음미하게 해주고 있습니다. 어린이들에게는 규격화되고, 닳고, 메마른 지식을 나눠 주는 것보다 중요한 것이 있습니다. 그것은 많은 이야기를 들려주고 그 이야기 속에서 진실을 마음껏 캐낼 수 있도록 하는 일일 것입니다. 이야기가 없는 삶, 이야기를 음미하지도 못하면서 커 가는 어린이가 얼마나 불행한지 알아야 합니다. 반대로 철학동화 같은, 지혜와 깨우침, 궁금증과 생각할 점이 들어 있는 이야기를 즐기며 커 나가는 어린이들은 얼마나 믿음직한지 생각해 보아야겠습니다.

신의 장난일까?

집을 뛰쳐나가는 보미의 걸음이 휘청거렸다. 장마 때의 하늘빛같이 우울하고 가슴을 저미는 듯한 아픔이 보미의 뒷모습에서 배어 나왔다. 푸르스름한 하늘에서는 금방이라도 비가 쏟아질 것 같았다.

어느덧 정신을 차린 보미는 자기가 나리네 집 앞에 와 있음을 발견했다. 나리를 부르는 보미의 목소리는 자그마하고 가냘펐다.

나리의 웃는 얼굴이 보미의 머리에 떠오름과 동시에 나리의 모습이 나타났다. 나리는 언제나처럼 남자 아이 같은 텁텁하고 장난스러운 웃음을 지었다.

세느 강이 보였다. 그 강은 동네를 가로지르며 더럽고 불결한 악취를 잔뜩 풍겼다. 그래도 보미와 나리는 그 강을 좋아했다. 그래서 지어 준 이름이 '세느'였다.

나리는 그 강 곁으로 다가갔다. 그러고는 아무렇게나 털썩 주저앉았다. 무릎 사이로 머리를 처박고 있는 보미의 등이 무척이나 슬퍼 보인다고 생각하며 나리는 조심스러운 목소리로 말했다.

"보미야……."

보미는 아무 말이 없었다.

"……."

"무슨 일이 있었니?"

보미는 간신히 입을 뗐다.

"오늘 우리 집에 어떤 아줌마가 왔어. 빌려 준 돈의 이자를 갚으라는 거였어. 아빠가 가게를 내시려고 빌린 돈이야. 가게가 망하는 바람에 돈도 못 갚고 이자만 계속 불어났나 봐."

보미는 잠시 이야기를 멈추고, 벌레 먹은 사과를 씹은 것처럼 잔뜩 찌푸려 있는 하늘을 멀거니 쳐다보았다. 그러더니 다시 입을 열었다.

"그 아줌마는 온 동네가 떠들썩하게 우리 엄마에게 욕을 해 댔어. 또 엄마 어깨를 막 뒤흔들고……. 머리를 휘어잡고……. 그러더니 야단법석을 떨던 아줌마가 갑자기 방바닥에 쓰러졌어. 입에 거품을 물고서 말이야. 빨리 팔다리를 주무르라는 엄마의 말에 나는 너무 무서워서 도망쳐 나왔어."

이야기를 끝낸 보미의 어깨가 들먹거렸다.

"그 아줌마네는 부자야. 나는 그 아줌마한테 부끄럽기도 하고 분하기도 했어."

나리는 한동안 아무 말이 없다가 입을 열었다.

"네 마음은 알 것 같아. 너도 알다시피 우리 옆집은 굉장히 부자잖니? 그 집에 비하면 우리 집은 마치 오두막 같아. 너한테 얘기는 하지 않았지만, 난 집에서 나와 학교에 갈 때마다 주위를 두리번거려. 그리고 사람이 없는 틈을 봐서 옆집을 지나가면서 너와 같은 감정을 느끼곤 해."

"나리야, 왜 우리 집은 이렇게 됐지? 이건 분명히 신의 장난일 거야."

나리와 보미는 시무룩한 표정이었다.

"보미야, 넌 신이 그런 짓을 했다고 생각하니?"

"그렇게밖에 생각할 수 없잖아. 우리 아빠는 열심히 일하셨어. 그

대가로 이런 비참한 결과가 주어졌어. 열심히 일한 사람에게 이런 엄청난 짓을 저지를 수 있는 사람은 이 세상엔 없을 거야."
"네 말을 들으니까, 우리 오빠가 한 얘기가 생각나. 이 세상에는 물과 기름처럼 완전히 서로 다른 사람들이 함께 산대. 예를 들면 자선가와 도둑, 사장과 수위, 우등생과 열등생, 부자와 거지……. 그렇지만 내 생각은 오빠와는 달라. 자기가 장차 어떤 사람이 되는가는 어디까지나 자기가 지금 얼마나 그것을 위해 노력하느냐에 달려 있다고 생각해."
보미는 고개를 흔들었다.
"난 잘 모르겠어."
"왜, 너 지난번 시험에서 처음 90점이 넘었다고 좋아했지? 그리고 넌 그때 90점을 받기 위해 다른 때보다 두 배는 더 공부했다고 했잖아."
보미는 하늘을 올려다보았다.
"그래. 그때 엄마, 아빠는 굉장히 기뻐하시며 과자 사 먹을 돈까지 주셨어. 학교에서 상장도 받고."
"바로 그거야. 또 이런 경우도 있어. 얼마 전에 신체 장애자들이 한라산 등반에 성공한 거, 너도 알지? 보통 사람들도 하기 힘든 일을 불편한 몸으로 해낸 그들에게 난 감동했지. 아마 그들이 피나는 노력을 하지 않았다면, 그것은 불가능했을 거야."
보미의 눈이 반짝하고 빛났다.
"그러고 보니까, 생각나는 게 있어. 나도 얼마 전에 온몸이 마비된 사람이 입에 붓을 물고 그림 그리는 것을 텔레비전으로 보았어. 그 사람이 그린 그림들은 무척 아름다웠어. 그렇지만 난 그 그림 자체보다 그 사람이 그렇게 되기까지 스스로가 기울였을 노력이 더 아름답다고 생각했어."

"그리고 보미야. 옛날에는 사람이 달나라에 간다는 것은 상상도 못했다고 해. 그런데 지금은 사람이 달나라에 갈 수 있잖니? 그것도 마찬가지로 사람의 노력의 결과야. 보미야, 그런데도 우리가 신의 장난에 놀아나는 꼭두각시라고 생각하니?"

손가락으로 땅에 뭔가를 그리며 나리의 말을 듣고 있던 보미는 나리를 바라보며 얘기했다.

"그렇지만 나리야, 언제나 노력한 만큼의 대가가 주어지는 것은 아닌 것 같아. 우리 이모는 20년 전에 시집을 갔어. 그런데 지금까지 아기를 못 낳아. 이모는 아기를 낳기 위해서 별의별 일을 다 하셨어. 그런 이모를 보면 가슴이 아파."

나리가 고개를 끄덕였다.

"정말. 그런 일도 있겠구나. 그럼 이렇게 바꾸어 이야기하면 어떨까? 아기가 태어나는 것과 같은 일은 신의 뜻에 있지만 그렇지 않은 나머지 일들은 인간의 노력에 달려 있다. 어때?"

"나리야, 네 말은 신과 인간이 함께 세상을 움직인단 말이지?"

이야기에 열중하는 동안 보미의 침울했던 표정은 찾아볼 수가 없었다.

"우리 아빠는, 네 말대로 항상 노력하고 계시니까 꼭 성공하실 거야. 그때 난 '아빠, 만세!' 하고 소리치고 말겠어."
"그건 생각만 해도 신나는 일이야. 하지만 너나 내가 진짜 큰일을 이루면 누가 만세를 불러 주지? 그때 울음이 나오면 어쩌지?"
"그게 무슨 상관이니? 만세를 외쳐 줄 사람이 없고 눈물이 볼을 적시면 어떠니? 그때 우린 이미 큰일을 해냈을 텐데 말이야. 안 그러니, 응?"

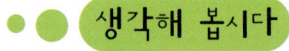
생각해 봅시다

사람의 손에 달려 있는 일과 그렇지 않은 일을 구분해 봅시다. 가난하거나 공부를 못한다거나 하는 일은 사람의 손에 달린 것인가요, 아니면 운이나 신이 그렇게 만든 것일까요?
언뜻 보기에 우리의 힘으로 어쩔 수 없는 일인 듯 보이는 것도, 가만히 돌이켜보면 우리 힘으로 할 수 있는데 우리가 그 점을 몰랐었을 수도 있지 않을까요?

주제: 신의 장난

윗글에 나타난 내용들에 비추어 다음의 것들이 해당되는 것을 보기에서 골라 봅시다. 그리고 그렇게 구분한 이유를 말해 봅시다.

보기 : ① 신의 섭리 ② 인간의 의지 ② 우연

❶ 아들(딸)로 태어난 것. (   )

❷ 이웃집 아저씨는 엄청나게 돈을 많이 벌었다. (   )

❸ 병태가 몹시 가난한 집에서 태어난 것. (   )

❹ 아인슈타인은 훌륭한 과학자가 되었다. (   )

❺ 노마가 생각을 잘 하는 것. (   )

❻ 우리나라가 남북으로 갈라진 것은 누구 때문이지? (   )

❼ 우리 엄마와 아빠가 만나 내가 태어났다. (   )

❽ 1+1=2 (   )

❾ 모든 사람은 죽을 수밖에 없다. (   )

자기 꾀에 빠진 말

숲이 무성하게 우거진 깊은 산속에 주인 없이 자란 말과 산돼지가 살고 있었다. 그 산속 근처에는 풀밭이 하나 있었는데, 말과 산돼지는 배가 고플 때면 이 풀밭을 찾아 풀을 뜯어먹곤 했다.

그런데 말과 산돼지는 이 풀밭에서 만날 때면 항상 말다툼을 벌이곤 했다. 왜냐하면 산돼지는 워낙 성질이 급하고 사나워서 하는 짓도 거칠었고, 풀을 뜯어먹을 때마다 이쪽에서 덥석, 저쪽에서 덥석 풀밭을 마구 짓밟고 다녔기 때문이었다.

"애, 산돼지야. 좀 얌전히 먹을 수는 없겠니? 여기저기 어질러 놓지만 말고 한쪽에서부터 차근차근 뜯어먹으란 말이야!"

"풀도 많은데 무슨 참견이야. 내가 하는 꼴이 보기 싫으면 다른 곳으로 가면 되잖아."

"이렇게 좋은 곳을 두고 내가 왜 다른 데로 가니?"

"그럼 남의 일에 간섭하지 말고 잠자코 있어!"

"네가 그런 식으로 얘길 하면 난 할 말이 없지만, 이건 우리 모두를 위한 것이란 걸 넌 모르겠니?"

"글쎄, 이제 더 이상 날 괴롭히지 마. 나에게는 그런 건 중요한 일이 아니니까. 제발 나를 귀찮게 하지 말라고."

말은 될 수 있으면 산돼지를 설득해 보려고 노력했지만, 그럴 때마다 산돼지는 말의 얘기를 귀기울여 듣지 않고 도리어 화를 내면서 퉁명스럽게 쏘아붙일 뿐이었다.

한편, 풀밭 한쪽 가장자리에는 조그만 골짜기가 있었다. 그 골짜기에는 졸졸졸 샘물이 흐르고 있었는데, 말도 산돼지도 한참 풀을 뜯다가 목이 마르면 이곳으로 내려와서 샘물을 마시곤 했다. 여기서도 산돼지의 행동은 마찬가지였다. 우악스럽게 물을 마시고, 텀벙텀벙 물을 마구 흐려 놓기가 일쑤였다.

말이 충고라도 하면 산돼지의 행패는 더욱 심해졌고, 그렇다고 해서 싸우자니 이길 자신도 없어 말은 꾹 참을 수밖에 다른 도리가 없었다. 날마다 눈꼴사나운 걸 보면서도 나쁜 버릇을 고쳐 주지 못하고, 혼내 줄 힘도 없고, 참고 지내자니 답답하여 말의 이마에는 하루에도 몇 번씩 갈매기가 새겨지곤 했다.

'어떻게 하면 저 고약한 버릇을 고쳐 줄 수 있을까?'

말은 틈만 있으면 산돼지의 버릇을 고쳐 줄 방법을 궁리하게 되었다. 그러던 어느 날, 말에게 멋진 생각이 떠올랐다.

'내가 부탁하면 꼭 들어주겠지. 이번에는 톡톡히 혼을 내어 다시는 그런 행패를 부리지 못하게 해야지. 그리고 이 풀밭에는 얼씬거리지도 못하게 해 주고 말 테야!'

이렇게 생각한 말은 사냥꾼을 찾아가서 이제까지의 이야기를 하고, 산돼지를 혼내 달라고 부탁했다.

"아저씨, 제발 제 부탁을 들어주세요. 아저씨에겐 활도 있고 창도 있으니까 산돼지를 혼내 주는 건 식은 죽 먹기잖아요, 네?"

말의 부탁을 듣고 있던 사냥꾼의 눈이 갑자기 빛나기 시작했다.

'후후. 이건 분명 꿩 먹고 알 먹는 거야! 그렇지만 이 녀석이 그걸 알아차린다면 모든 것이 물거품이 되고 말겠지…….'

이런 생각이 들자 사냥꾼은 시치미를 떼고, 말의 부탁을 들어주기가 난처하다는 듯이 말했다.

"네 부탁을 들어주고는 싶지만 산돼지를 혼내는 일은 매우 위험해."

"아저씨는 활과 창이 있잖아요."

"그렇더라도, 만약 산돼지가 달려들면 난 산돼지를 당해 낼 수가 없단 말이야."

"그러니까 나무 뒤에 숨어 있다가 활을 쏘고 창을 던지면 산돼지는 겁이 나서 그만……."

말의 이야기가 끝나기도 전에 사냥꾼이 입을 열었다.

"그보다는 내가 너를 타고 산돼지를 혼내 주면 어떨까? 그러면 다음부터는 네가 하는 얘기도 잘 들어줄 것 같은데……."

"저를 타고요?"

"그래, 넌 발이 빠르니까 그렇게만 한다면 산돼지를 혼내 주는 건 정말 식은 죽 먹기야."

"그럼 그렇게 해요."

"그런데 말야, 네가 힘껏 달리면 난 틀림없이 굴러 떨어지고 말 거야. 또 그렇게 된다면 도리어 산돼지에게 내가 혼이 나게 될지도 모르고."

"그럼 어떻게 하면 좋지요?"

"한 가지 방법이 있긴 한데……."

사냥꾼은 말끝을 흐리면서 말의 눈치를 살펴보았다.

"그게 뭔데요, 네?"

"글쎄……. 네 목에 고삐를 맨다면 한 손으로 그 고삐를 잡고 다른 한 손으로 창을 쓸 수 있으니까 문제는 간단해."

어리석은 말은 사냥꾼의 속마음도 모르고 산돼지를 혼내 줄 수 있다는 것에만 정신이 팔려 제 목에 고삐를 매는 데 찬성하고 말았다.

"좋아요, 산돼지만 혼내 줄 수 있다면……."

그리하여 사냥꾼은 말의 목에 고삐를 단단히 매고는 말 등에 훌쩍 올라탔다.

"자, 가자!"

말은 신나게 달려서 보금자리인 풀밭으로 사냥꾼을 안내했다.

한편 산돼지는 이러한 사실을 전혀 모른 채 마음 편히 풀밭을 헤집고 다녔다.

"왜 오늘은 말이 나타나지 않을까? 말 많은 그 녀석이 없으니까, 참 편하군."

바로 그때 말이 달려오는 소리가 들려왔다. 그쪽을 향해 고개를 돌리는 순간 산돼지는 그만 깜짝 놀라고 말았다. 왜냐하면 말을 탄 사냥꾼이 창을 들고 자기를 향해 달려오고 있었기 때문이었다.

"분명히 나를 죽이려는 건데……."

산돼지는 어찌할 바를 몰랐다. 눈 깜짝할 사이에 산돼지는 사냥꾼이 던진 창에 맞아 쓰러지고 말았다.

잠시 후 사냥꾼을 태운 말이 다가오자 산돼지는 눈을 감으며 이렇게 말했다.

"어리석은 말아, 내가 좀 거칠게 대했다고 이웃사촌인 나를 이렇게 죽이다니, 넌 이 산속에서 살 자격이 없어! 그리고 난 이렇게 죽지만 넌 앞으로 더 많은 고생을 하다가 죽게 될 거야."

생각해 봅시다

이 글에서 말은 사냥꾼의 꾐에 빠져 스스로 자신의 굴레인 고삐를 매는 데 찬성하고 맙니다. 마음에 안 드는 친구가 있다고 그를 여러 명이 작당해서 곤경에 빠뜨려 버린 적이 있는지요? 있다면 그보다 더 좋은 방법이 없었는지 생각해 보세요.

산돼지와 말이 화를 당하지 않고 서로 화해할 수 있다면 그 방법은 어떤 것일까요?

주제: 잘못된 추론

다음 중 바른 추론과 잘못된 추론을 가려 보고, 잘못된 추론이라고 생각되는 것에 대해서는 그 이유를 말해 보세요.

① 나리네 집은 방이 2개야. 따라서 방이 3개인 노마네 집보다 틀림없이 작다고 할 수 있지.

② 올라가는 건 반드시 내려오는 법이야. 따라서 승강기가 빈 채로 올라갔으면 빈 채로 내려와야 해.

③ 노마 : "우린 아무도 믿을 수 없어."
나리 : "그러니까 난 지금 네가 한 말도 믿어선 안 되겠지, 그렇지?"

④ 사람한테 칼을 대는 사람은 감옥에 가야 돼. 의사 선생님은 수술 환자한테 칼을 대. 그러니까 의사 선생님도 감옥에 가야 돼.

가짜, 진짜 할머니

경아 할머니는 경아를 보통 귀여워하고 사랑하시는 것이 아니다. 그런데 경아 할머니는 경아의 진짜 할머니가 아니란다. 노마는 동네 아이들이 경아를 놀려 대던 일이 자꾸만 마음에 걸렸다.

"경아야! 너희 할머니, 네 진짜 할머니가 아니라면서?"

"야, 이 멍청아. 할머니도 진짜가 있고 가짜가 있니?"

숙희가 분수없이 하는 말에 동수가 응수를 하자, 곁에 있던 동네 아이들이 모두 깔깔거리고 웃어 댔다. 그러자 경아는 얼굴을 붉히며 어쩔 줄을 몰라 했다.

"너희들, 말 다 했어? 우리 할머니에 대해서 함부로 말하지 마. 난 우리 할머니가 이 세상에서 제일 좋단 말이야."

경아는 눈물을 글썽이며 자기 집 쪽으로 달려가고 말았다.

노마는 집에 돌아와서도 오늘 있었던 일이 마음에서 지워지질 않았다.

"엄마, 경아네 할머니가 진짜 할머니가 아니라면서요?"

"그게 무슨 소리냐! 누가 그런 소릴 하니?"

"아이들이 경아 할머니는 가짜 할머니라고 경아를 놀리던데요?"

"저런 못된 애들이 있나?"

"아무래도 경아네 집에는 무슨 사연이 있나 봐요."

"글쎄, 엄마도 얼마 전에 이야기를 들었는데, 이 세상에서 경아 아버지만큼 훌륭한 분은 없을 거야."

"무슨 이야기인데요, 엄마?"

노마가 궁금하다는 듯이 이야기를 재촉하자 어머니는 경아의 아버지와 할머니에 얽힌 이야기를 시작하셨다.

"경아네 아버지가 중학생 때의 일이란다. 어느 무더운 여름날, 경아네 아버지가 학교에서 돌아와 꼴을 베러 나가려고 할 때, 아기를 등에 업고 광주리를 머리에 인 아주머니가 땀을 뻘뻘 흘리며 복숭아를 팔러 들어오셨다는데,

'여 봐요 학생, 복숭아 좀 사 먹지.'

'집에 어른이 안 계시니, 다음에 오세요.'

'이제 몇 개 남지 않았는데, 어른이 계시면 사 주실지도 모르는데……. 그럼 좀 쉬어 가도 되겠나? 땀 좀 식혔다 가려고.'

'그렇게 하세요. 물이 시원하니 세수도 하시고요. 전 꼴을 베어 와야 하겠어요.'

'참 부지런도 해라!'

하시며 받지 않으려 해도 억지로 복숭아 서너 개를 집어 주시더래. 잠시 후 경아네 아버지가 꿀을 베어 가지고 돌아와 보니, 마루 끝에 웬 주머니 같은 것이 떨어져 있었대. 열어 보니 이만 원이 넘는 돈이 들어 있었다는구나."

"그래서요, 엄마?"

"경아네 아버지는, 조금 전 그 복숭아 장수 아주머니 것이라는 생각이 들어서 온 동네를 찾아다녔지만 그 아주머니는 벌써 어디론가 가 버리고 안 계셨대."

"그것 참 안 됐네요, 엄마."

"형, 안 되긴. 아주머니가 찾아오실 때까지 기다리면 되잖아."

옆에서 가만히 듣고만 있던 기오도 재미있어하며 한마디 했다.

"며칠을 기다려도 그 아주머니는 나타나지 않았대. 몇 달을 기다려도 마찬가지고."

"그래서요?"

"경아 아버지는 언젠가 그 아주머니를 만나면 돌려 드리려고 저금을 해 두고 기다리셨다는 거야."

"그래서 그 아주머니가 나타나셨나요?"

"그럼 엄마, 그 아주머니가 언제 나타나셨대요?"

노마와 기오는 궁금하다는 듯이 이구동성으로 질문을 했다.

"경아네가 아마 이 동네로 이사를 오기 전이라나 보더라."

"그렇다면 몇 년을 기다리셨대요?"

"그 동안 20년이 넘는 세월이 흘렀다는구나."

"그럼 20년이 넘도록 그 돈을 찾지 않고 기다리셨다는 이야기인가요?"

"물론이지."

"야, 대단하시다!"

어머니의 이야기를 듣고 있던 노마와 기오는 감탄을 했다.

"그 동안 학교에 다닐 때나 군대에 있을 때 휴가를 나오게 되면 용돈이 궁할 때마다 찾아 쓰고 싶은 생각도 들었지만, 그 아주머니를 만날 것 같은 생각이 들어서 찾아 쓰질 않으셨대."

"야, 정말 대단하시다. 나 같으면 금방 찾아 써 버리고 말았을 텐데."

기오는 감탄을 한 듯 입을 다물지 못하고 중얼거렸다.

"정말, 나 같아도 그랬을 거예요, 엄마. 경아네 아버지는 진짜 훌륭한 분이세요."

노마도 감탄하며 말했다.

"그런데 어떻게 아주머니를 만나셨대요?"

"글쎄, 경아네 아버지가 다니시는 회사 근처에 할머니가 하시는 조그만 식당이 있었댄다. 어느 날 경아네 아버지가 그 식당에서 점심을 먹다가 주인 할머니가 그때의 그 아주머니 같은 생각이 들었대. 그래서 몇 날 며칠을 벼른 끝에 물어보았더니 틀림없더라는 거야."

"엄마, 그럼 그 식당 할머니가 바로 그때의 그 아주머니더란 말이지요?"

"야, 정말 기적 같은 일인데요!"

노마와 기오는 감탄을 하며 입을 다물지를 못했다.

"그렇단다. 그 아주머니는 이제 할머니가 되셨지만, 그때 그 돈주머니를 잃어버리고 얼마나 우셨는지 몰랐대더라. 그 후 서울로 이사를 와서 온갖 고생을 다 하시다가 조그만 식당을 차리게 되었대. 그런데 그때 업고 다니던 아들이 대학에 다닐 때 교통 사고로 그만 세상을 떠났기 때문에 혼자 남아서 식당을 하고 계시다가 경아네 아버지를 만나게 된 거라더라. 그래서 경아네 아버지가 아들처럼 그 할머니를 모시고 살기로 했다는 거란다."

"엄마, 도저히 믿어지지가 않아요. 아무래도 꾸민 이야기 같아요."

"엄마, 경아네 아빠 같은 사람이 이 세상에 또 있을까요? 우린 그런 것도 모르고 경아를 놀리기만 하고……."

감동하는 두 아들의 모습을 본 노마의 어머니는 연신 흐뭇한 표정을 지으셨다. 노마는 경아를 놀리던 아이들이 미웠지만 이렇듯 놀라운 사실을 알게 되어 여간 기쁘지 않았다.

생각해 봅시다

경아 아버지가 복숭아 장수 아주머니의 잃어버린 돈을 저금해 두고 아주머니를 만날 때까지 기다린 것에 대해 여러분의 생각을 이야기해 봅시다.

여러분도 경아 아버지와 같은 경험을 하게 된다면 어떻게 할 것 같습니까?

주제: 주인 찾아 주기

노마는 운동장에 떨어진 만 원짜리 지폐를 보았습니다. 주인을 찾아 줄 수 있는 방법에는 아래와 같은 여러 방법이 있습니다. 각 항에 대한 자신의 느낌을 보기에서 고른 다음 이유를 써 봅시다.

보기 : ① 아주 좋다 ② 그저 그렇다 ② 나쁘다

❶ 주인이 나타날 때까지 보관한다. (   )

　이유 :

❷ 경찰서에 갖다 준다. (   )

　이유 :

❸ 선생님께 갖다 드린다. (   )

　이유 :

함께 철학하기

반달곰의 비극

"할아버지, 옛날 얘기 좀 들려주세요."

방학을 맞아 온 가족과 함께 할아버지, 할머니가 계신 시골에 온 노마가 졸라 대기 시작했다.

"그런 거 난 모른다. 옛날에 살아 보질 않아서 아는 게 있어야지."

"그럼, 그 곰 이야기를 해 주시면 되잖아요. 산에서 만났던 반달곰 말예요."

"글쎄다, 하도 오래 전 일이라서 다 잊어 먹었는걸."

"반달곰이 할아버지 생명을 구해 주었다면서요?"

"그렇게 잘 알면서 뭘, 또 해 달라는 거냐?"

"전 그 이야기를 좀 더 듣고 싶단 말이에요. 그 반달곰은 아주 무서웠나요?"

"무서웠느냐고? 아니다. 내가 만났던 반달곰은 아주 귀엽고 아름답고 탐스러운 곰이었단다."

그러자 어머니도 설거지를 마치고 방으로 들어오셨고, 기오도 마루에서 달려 들어왔다. 이웃집에 가셨던 할머니도 돌아와 노마 옆에 앉으셨다.

"할아버지, 제가 봉구한테 곰 이야기를 하니까 그 애는 자기가 그곳에 있었다면 그 반달곰을 죽였을 거라고 했어요."

할아버지께서 눈살을 찌푸리시며 말씀하셨다.

"곰을 죽인다는 건 옳지 않아. 곰은 절대로 먼저 사람을 해치진 않아. 그런데 왜 곰을 죽인단 말이냐?"

"할아버지께서는 그 곰을 어디서 만나셨는데요?"

"강원도 춘성군에 있는 사랑 마을이란 산골이었단다. 젊었을 때 이 할아비는 이름난 포수였었지. 겨울철이면 인근 산골 마을을 찾아다니며, 말썽을 부리는 산돼지나 늑대 등을 잡거나 쫓아 버리고는 했단다."

"죽이지는 않았나요?"

"그야, 경우에 따라서는 총을 쏘아 잡기도 했지. 농작물을 해치는 산돼지나 집짐승을 훔쳐 가는 늑대는 절대로 그냥 놓아두질 않았단다."

"반달곰은 어떻게 만나셨는데요?"

노마가 할머니 곁으로 파고들며 이야기를 재촉했다.

"그해 겨울에 할아비는 돼지를 물어 간 늑대를 쫓아 화천 깊은 산골을 헤매고 있었어."

"돼지를 물어 간 늑대를 쫓아서요?"

"그래, 늑대를 쫓고 있었는데, 그날은 아침부터 눈발이 날리고 있었지. 가파른 벼랑을 타고 늑대를 찾아 오르다가 눈에 미끄러져 그만 아래쪽으로 굴러 떨어졌단다."

"그래서 다치지는 않으셨나요?"

"한쪽 다리가 부러지고 허리를 크게 다쳐 꼼짝 못 하고 누워 있었단다."

"그래서요?"

"한참 있다 정신을 차렸는가 싶었는데, 가까운 곳에서 늑대의 으르렁거리는 소리가 들리질 않겠니?"

"어휴! 무서웠겠다!"

기오가 엄마 손을 꼭 붙잡으며 말했다.

"할아비는 총도 놓쳐 버려서 맨손이었단다. 이젠 죽었구나 하는 생각이 들었어."

"그런데 할아버지는 여기 계시잖아요?"

"예이, 고얀 놈 같으니. 그래 할아비가 그때 죽었어야 좋았겠단 말이냐?"

"아, 아녜요. 걱정이 돼서 그랬던 것뿐이에요."

노마가 머리를 긁으며 말했다.

"늑대가 저만치 달려오는가 싶었는데, 갑자기 등 뒤에서 발소리가 나지를 않았겠니?"

"곰이었지요? 그건 곰이었을 거야."

기오가 소리쳤다.

"그래, 네 말이 맞았다. 그 놈은 반달곰이었는데 성큼성큼 걸어와서는 글쎄, 내 곁에 앉지를 않았겠니?"

"반달곰이요?"

노마와 기오가 동시에 소리를 질렀다.

"반달곰은 석양을 바라보며 하염없이 생각에 잠겨 그냥 내 곁에 앉아 있기만 했어."

"늑대는요? 아버님."

이번엔 엄마가 궁금한 듯 물어보셨다.

"놈들은 멀찌감치 서성거리다가 자취를 감춰 버렸지."

"그러고 나서는요?"

"멀리서 마을 사람들이 나를 찾아 부르고 있었지. 사람들이 가까이 오는 듯싶자 반달곰은 천천히 일어서지를 않았겠니? 그러고 나서 큰 소리로 길게 우는 소리를 내고는 왔던 길로 사라졌단다."

"그 후로는 곰을 못 만나셨나요?"

"칠 년쯤 뒤에 사냥을 하다가 우연히 그곳을 지나게 되었는데, 반달곰이 새끼 세 마리를 데리고 산골 개울에서 가재를 잡아먹고 있었단다."

"반달곰이 가재를요?"

"그래, 바로 그 곰이었어. 그런데 갑자기 어미 반달곰이 큰 바위 덩어리를 번쩍 들어 올리지를 않았겠니? 그러자 새끼들이 바위 밑에 있는 가재를 잡아먹기 시작했단다."

"정말 재미있다. 그렇지, 형?"
"그때 바위 뒤에 숨어 있던 다른 사냥꾼이 그걸 보고는 글쎄, 하늘에 대고 공포를 쏘지 않았겠니? 그러자 놀란 반달곰은 갑자기 바위를 떨어뜨리고 말았지."
그러고 나서 할아버지는 몹시 괴로운 표정을 짓기 시작하셨다.
"어휴! 불쌍해라. 새끼들은 다 죽었겠다. 그렇지, 형?"
"그거야, 말하면 뭘 하겠니?"
할머니께서 입을 여셨다.
"너희 할아버지는 그때 미친 듯이 울부짖던 반달곰의 울음소리를 잊을 수가 없어서 지금까지도 늘 괴로워하신단다. 그 후로 할아버진 총을 땅에 묻어 버리시고 이곳에서 줄곧 농사만 짓고 사시질 않았겠니?"
"그랬었군요, 어머님. 사람들이 산짐승에게 온갖 못된 짓을 해 댄 결과 산짐승들은 거의 씨가 말라 버렸다고 하던데요."
어머니가 한마디 하셨다.
"어멈아, 어디 산짐승들에게뿐이냐? 농약을 콩나물에 뿌려 파는 사람이 있는가 하면, 몸에 좋지 않은 약품 같은 걸 섞어 만든 과자를 아이들에게 파는 사람도 있다며?"
할머니께서 말씀하셨다.
"아무튼, 애들아, 석양을 바라보며 쓸쓸히 앉아 있던 반달곰은 아직도 사람들의 못된 짓을 생각하며 눈물짓고 있을 것만 같구나."
할아버지께서 한숨을 내쉬며 이야기를 마치시자, 노마는 자기도 모르게 가슴이 뭉클해졌다.

'사람들은 못하는 짓이 없다니까. 요즈음도 죄 없는 짐승들을 해쳐서 씨를 말리는 사람들이 많다고. 짐승을 아끼는 마음이 가슴속에 남아 있지 않은데, 사람을 사랑하는 마음이 남아 있을 리도 없을 거야.'

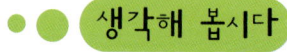

반달곰이 노마 할아버지를 구한 것은 구해 주겠다는 마음이 있었기 때문일까요, 아니면 우연한 일일까요?
사람에게 아무런 해도 주지 않는 짐승을 사람들이 닥치는 대로 해치는 것은 무엇 때문일까요?
할아버지가 총을 땅속에 묻어 버리고 다시는 사냥을 하지 않겠다고 결심한 심정을 헤아려 봅시다.

함께 철학하기

주제: 동물 보호

아래의 견해에 대하여 찬성(O)과 반대(×)로 답하고, 그 이유를 말해 봅시다.

① 경아는 누구보다도 동물을 사랑한다고 한다. 그렇다면 경아는 쇠고기나 닭고기를 먹지 말아야 한다. (   )

이유:

② 동물을 사랑하는 것과 쇠고기나 닭고기를 먹는 것은 관계가 없다. (   )

이유:

③ 사람은 태어나면서부터 사람 대접을 받을 권리가 있다. 그러나 반달곰이나 소, 돼지에게는 아무런 권리가 없다. (   )

이유:

④ 참새나 닭, 소나 돼지를 죽여도 되는 까닭은 그것들이 번식을 잘 하고 또 수없이 많기 때문이라는 사람들이 있다. 그 사람들의 주장대로라면 사람도 번식을 잘 하고 인구가 점점 늘어나니까 사람을 죽여도 될 것이다. (   )

이유:

노마의 발견 2
생각하는 내가 좋다

초판 1쇄 2007년 2월 20일
초판 7쇄 2016년 4월 30일
제2판 1쇄 2021년 12월 30일

지은이 | 어린이철학교육연구소
그린이 | 임정아
펴낸이 | 송영석

펴낸곳 | (株)해냄출판사
등록번호 | 제10-229호
등록일자 | 1988년 5월 11일(설립일자 | 1983년 6월 24일)

04042 서울시 마포구 잔다리로 30 해냄빌딩 5·6층
대표전화 | 326-1600 **팩스** | 326-1624
홈페이지 | www.hainaim.com

ⓒ어린이철학교육연구소, 2007, 2021

ISBN 979-11-6714-018-0
ISBN 979-11-6714-016-6(세트)

파본은 본사나 구입하신 서점에서 교환하여 드립니다.